온라인
짝퉁전쟁

온라인 짝퉁 전쟁

김종면 지음

좋은땅

서문

　전세계 위조상품 유통규모가 600조 원이 넘는다는 OECD의 발표가 있었고, 최근에는 한국 특허청이 OECD에 의뢰하여 한국에서의 위조상품으로 인한 피해에 대한 조사를 한 결과를 발표하기도 하였다.

　OECD의 발표에 따르면 한국기업의 위조상품으로 인한 국내외 매출 손실은 7조 원에 달하고, 위조상품으로 인해 한국 제조업 일자리가 약 1,400개 가량 감소하였으며, 한국정부의 세수 또한 위조상품으로 인해 약 1.8조 원 가량의 손실이 발생하였다고 한다.

　위조상품의 문제가 어제 오늘의 일도 아니고 언제나 시장에서는 짝퉁 또는 가품이라고 하는 위조상품이 존재했었다. 하지만 최근 이 위조상품의 문제가 더욱 심각해지고 있다. 온라인마켓이 성장했을 뿐만 아니라 쿠팡의 로켓배송이나 컬리의 새벽배송과 같은 당일 배송 서비스가 확산되면서 온라인마켓 플랫폼들이 우리들의 삶의 방식을 바꾸어 간다고 할 수 있을 정도로 온라인마켓은 이제 우리 삶의 너무나도 중요한 일부가 되어 가고 있다.

　이제 사람들은 모든 구매를 오프라인이 아니라 온라인에서 하고 있다고 해도 과언이 아닌 시대가 되었다.

　　　　　　　　　　　　　　　　　　온라인 짝퉁전쟁

이처럼 온라인마켓이 폭발적으로 성장하면서 덩달아 폭증하고 있는 것이 바로 위조상품의 문제이다. 기존에 시장이나 마트에서 물건을 판매하는 환경에서 위조상품을 유통하는 것에 비해, 온라인에서 위조상품을 판매하는 것이 훨씬 용이하기 때문이다. 요즘은 온라인에서 제품을 판매하기 위해서 상품페이지를 만들거나 판매자 숍을 구축하는 것이 예전처럼 복잡하거나 많은 시간을 투여해야 하는 것이 아니라 기존에 만들어진 상품페이지의 링크만을 가져와서 손쉽게 상품을 마켓에 올려 판매할 수 있는 다양한 방법들이 있다 보니 온라인마켓에서 제품을 판매하는 것이 쉬워졌고 위조상품 역시 마찬가지로 온라인에서 판매하는 것이 매우 쉽다. 이런 요인들이 위조상품의 문제를 더욱 가속화시키는 요인이라고 본다.

위조상품의 판매뿐만 아니라 위조상품이 적발되었을 때에도 온라인마켓에서는 오프라인 마켓에 비해 상대적으로 쉽게 상품페이지를 삭제하고 판매를 중단하면 그 흔적이 잘 남지 않는다는 것도 위조상품의 판매가 증가하는 요인 중의 하나로 보인다. 나아가 이렇게 상품페이지를 내려 상품 판매를 중단한 다음에는 다른 상품페이지를 다시 또 만들어 반복적으로 위조상품을 판매하기가 용이하다는 점도 역시 그 이유가 될 것이다.

특허청 특별사법경찰관에 신고되는 위조상품의 판매현황을 보더라도 약 10여 년 전에는 거의 90% 이상이 오프라인 시장에서 판매되었던 것이 약 5년 전에는 오프라인 50% 온라인 50% 정도로 비슷한 수준까지 다다랐다. 그러다가 2020년이 넘어가면서부터 신고되는 위조상품의 거의 90% 이상은 온라인 마켓에서 판매되고 있다.

이러한 위조상품의 증가추세에 따라 특허청은 2021년 여름 특별사법경찰관 조직개편을 대폭 확대하여 위조상품의 폭증세에 대처하고 있고, 국내 및 해외 온라인상에서 거래되고 있는 위조상품의 모니터링 및 단속 지원을 통해 기업들이 위조상품으로 인해 입게 되는 피해를 최소화하기 위해 노력하고 있다.

위조상품의 문제는 동서고금을 막론하고 항상 있어 왔고 현재도 있으며 앞으로도 계속 존재할 것으로 보인다. 시장경제 체제에서 위조상품을 만들거나 판매하여 손쉽게 돈을 벌 수 있는 상황이 존재하는 이상 이러한 위조상품의 제조 또는 판매에 대한 유혹은 쉽게 떨칠 수 없는 것이기 때문이다.

그렇다고 위조상품의 문제를 마냥 손놓고 있을 수만은 없는 일이다. 자칫하면 많은 시간과 노력을 투여하여 만든 나의 콘텐츠 자산 또는 브랜드 자산과 같은 무형자산이 시장에서 그 노력과 가치를 인정받아 보상을 받기도 전에 위조상품으로 인해 허망하게 공중으로 날아가 버리는 일이 발생할 수도 있기 때문이다.

적을 알아야 이길 수 있다고 했다. 위조상품 문제에 잘 대응하고 이를 해결하기 위해서는 위조상품에 대한 관심을 갖고 위조상품 내지는 위조상품 판매자들의 특성을 이해하고 알아나갈 필요가 있으며, 위조상품이

법적으로 어떤 제재를 받고 어떤 방법으로 처리가 되는지에 대해서도
알 필요가 있다.

이 책에서는 위조상품과 관련된 다양한 이슈들을 다룰 예정이다.

먼저 1장에서는 위조상품 개념 등을 이해하기 위한 내용들을 다룬다.
위조상품이라는 단어는 매우 포괄적으로 사용되고 있는 면이 있고 법률
적인 용어로도 사용되고 있어 위조상품이라는 단어에 대한 개념을 정리
해 볼 필요가 있다. 위조상품 문제가 어제 오늘의 일도 아니고 비단 우
리나라에서만 있었던 문제도 아니므로 동양과 서양 그리고 과거에는 위
조상품과 관련하여 상황이 어떠했는지에 대해 다룬다.

2장에서는 위조상품과 관련한 국내외 상황 그리고 변화에 대해서 이
야기한다.

3장에서는 브랜드와 브랜드의 법적보호를 위한 상표권 등 관련 법률
들에 대해 다루고 몇가지 상표권 분쟁 사례들을 소개한다.

4장에서는 위조상품 단속과 관련된 다양한 주제들을 다룬다. 위조상
품의 패턴이나 유형은 어떠한 것들이 있는지에 대해서도 이야기한다.
위조상품이라고 통칭해서 이야기하지만 상세히 살펴보면 제품 자체를
교묘하게 동일하게 만들어 위조하는 경우도 있고 브랜드 이름만 도용하
는 경우도 있고 다양한 위조상품 유형들이 존재하므로 이에 대해서도
상세히 다룬다. 오픈마켓은 위조상품 문제에 책임이 없는지, 진정상품
병행수입은 허용되는지, 정품을 재판매하는 것은 문제가 없는지, 명품
을 리폼하는 것은 괜찮은지 등에 대해 다룬다. 또한 위조상품 단속을 위

한 세관신고방법에 대해서도 다룬다.

5장에서는 온라인마켓플레이스별로 제공되고 있는 위조상품 신고센터에서 위조상품을 신고하는 상세한 방법을 소개한다.

아무쪼록 위조상품에 대해 관심이 있거나 위조상품으로 어려움을 겪고 계신 분들께 이 책이 조금이나마 도움이 되었으면 하는 바람이다.

차 례

I

짝퉁의 이해

위조상품, 브랜드,
상표의 개념 이해하기

가. 위조상품이란?

"위조상품"의 사전적 의미는 무엇일까?

위조상품을 국어사전에서 찾아보면 나오지 않는다. 다만 "위조"라는 단어와 "상품"이라는 단어가 검색될 뿐이다.

"위조"는 국어사전에서 "어떤 물건을 속일 목적으로 꾸며 진짜처럼 만듦"이라고 정의되어 있고, 유의어로는 위작, 가짜, 날조, 반의어로는 진품, 정품, 진짜라고 기재되어 있다.

"상품"은 국어사전에서 "사고파는 물품", "(경제) 장사로 파는 물건. 또는 매매를 목적으로 한 재화(財貨)", "(법률)상거래를 목적으로 하는 물건. 동산(動産) 따위가 있다." 등으로 정의되어 있다.

그렇다면 **위조상품은 어떤 물건을 속일 목적으로 꾸며 진짜처럼 만든**

물건 또는 물품이라고 할 수 있다.

국어사전에 유의어로 나와 있는 것처럼 위조상품은 진짜가 아닌 가짜 상품이라고도 할 수 있다. 그렇다면 위조상품이 있다는 것은 진짜가 따로 있다는 것이고 위조상품은 그 진짜를 베낀 가짜 제품이라는 것이다. 따라서 위조상품은 진짜 제품의 존재를 전제로 하며, 진짜 제품을 베껴서 만든 가짜 제품이 위조상품이 된다.

그런데 베낀다는 것은 그대로 똑같이 만든다는 것인데 물건 또는 제품을 똑같이 만들었다고 해서 이게 무조건 잘못된 것이라고는 할 수 없다. 만약 어떤 사람이 진짜 제품을 만든 사람에게 동의를 받고서 또는 일정한 대가를 지불하고 허락을 받아 그 진짜 제품과 동일한 품질을 갖는 제품을 만들었다면 이것을 위조상품이라고 할 수는 없을 것이다. 따라서 **위조상품이라는 것은 진짜 제품을 허락 없이 베껴서 만든 제품**이라고 하는 것이 적정한 표현이 될 것 같다.

그런데 진짜 제품을 베껴서 만든 제품을 통상은 진짜 제품의 브랜드를 붙여서 판매하는 경우가 대부분이며, 이는 해당 브랜드가 그동안 쌓아온 명성에 편성하기 위한 것이다. 그래서 우리는 브랜드 그리고 브랜드를 보호하기 위한 법적 보호 체계인 상표에 대한 개념을 이해할 필요가 있다.

나. 브랜드와 상표는?

1) 브랜드

'<u>브랜드</u>'는 국어사전에서 '사업자가 자기 상품에 대하여, 경쟁업체의 것과 구별하기 위하여 사용하는 기호·문자·도형 따위의 일정한 표지'라고 정의되어 있고, **'상표'** 역시 국어사전에서 '사업자가 자기 상품에 대하여, 경쟁업체의 것과 구별하기 위하여 사용하는 기호·문자·도형 따위의 일정한 표지'라고 정의되어 있으므로 사전적인 의미에서 보면 '브랜드'와 '상표'는 동의어 즉, 같은 말이다.

한편 브랜드라는 단어는 영어의 'Brand'를 한글로 표현한 것이므로, 영어 'brand'에 대한 사전적 의미를 찾아보면 'a type of product, service, etc. made or offered by a particular company under a particular name'라고 정의되어 있다.

한글로 상표를 의미하는 단어인 영어 'Trademark'는 영어사전에 'a name, symbol or design that a company uses for its products and that cannot be used by anyone else'라고 정의되어 있다.

한글로 보면 상표와 브랜드가 동의어인 것처럼 인식되지만, 영어 'brand'와 'trademark'는 그 정의가 약간 다른 느낌을 준다. 영어 'brand'보다는 영어 'trademark'가 통상적으로 우리가 사용하는 상표의 개념에 가깝다고 보이고, 영어 'brand'는 상표보다는 좀 더 관념적이고 넓은 의미로 정의되어 있다는 느낌이 든다.

상표는 주로 지식재산권을 다루는 영역에서 사용되고, 브랜드는 마케팅이나 전략을 다루는 영역에서 주로 사용되는 것으로 보인다. 마케팅이나 전략을 다루는 영역에서는 브랜드의 정체성에 대한 고민 그리고 브랜드의 가치를 어떻게 증대시켜 갈 것인지를 고민하게 되고, 상표는 어떤 브랜드가 어떤 제품이나 서비스에 대한 브랜드로 결정되어 사용되면 그것을 법적으로 보호하는 과정에서 주로 사용되는 용어라고 보면 될 것 같다.

2) 브랜드와 관련된 개념들: 로고, BI, CI

우리는 브랜드 또는 상표와 관련하여 '로고'라는 말을 많이 사용하는데, 이것의 사전적 의미는 아래와 같다.

로고: 둘 이상의 문자를 짜맞추어 특별하게 디자인하거나 레터링을 한 것. 회사의 이름이나 상품의 이름에서 흔히 볼 수 있다.

이것을 보면 문자를 디자인하거나 레터링한 것이 로고라고 정의되어 있지만, 실제로 우리는 문자를 디자인한 것뿐만 아니라 문자와 관계없이 어떤 이미지 등을 디자인한 결과도 역시 로고라고 부르는 것이 통상적이다.

로고 역시 영어 'logo'를 한글로 표현한 것이므로, 영어 'logo'에 대한 사전적 의미를 살펴보면 'a printed design or symbol that a company or an organization uses as its special sign'이라고 정의되어 있다.

우리는 또한 B. I. 그리고 C. I. 라는 용어도 많이 사용한다.

B. I. 는 Brand Identity의 줄임말이고, C. I. 는 Corporate Identity의 줄임말인데, '비아이(BI)'와 '시아이(CI)'를 국어사전에서 찾아보면 아래와 같이 정의되어 있다.

비아이: 제품의 특성과 장점을 시각적으로 디자인하여 다른 제품과
차별화함으로써 기업의 경쟁력을 높이려는 브랜드 이미지 통
일화 작업

시아이:
① 특정 기업에 대하여 떠오르는 인상이나 이미지
② 기업에 대해 떠오르는 이미지를 하나로 통합하여 나타낸 기업 명
칭, 심벌, 로고 따위. 기업 내부적으로는 기업의 존재 의의를 내부
종업원들에게 각인시키고, 기업 외부적으로는 다른 기업들과 구분
되는 해당 기업만의 특징을 드러낸다

재미있는 건 시아이에는 아래와 같은 규범 정보가 사전에 함께 기재되어 있다는 점이다.

"순화(연극 용어 및 언론 외래어 순화 고시 자료(문화관광부 고시 제 2003-1호, 2003년 1월 8일)) '시아이' 대신 순화한 용어 '기업 이미지'만 쓰라고 되어 있다."

종합해 보면 비아이(BI)는 제품에 대한 브랜드이미지 통일화 작업으

로, 시아이(CI)는 기업 이미지 통합작업으로 요약할 수 있다.

3) 상표

브랜드는 사전적으로는 상표와 같은 말이므로, 브랜드가 법적으로 보호되는가는 상표가 법적으로 보호되는가와 같은 질문이 된다. 브랜드는 다양한 법률에 의해서 보호가 가능한데 대표적으로는 상표법에 의한 보호가 가능하고 그 외에도 부정경쟁방지 및 영업비밀보호에 관한 법률(부정경쟁방지법), 디자인보호법 및 저작권법 등에 의해 보호가 되는 경우도 있다.

위조상품 문제가 심각해지고 있는 요즈음 위조상품의 적정한 관리를 통한 브랜드 보호가 중요해지고 있다.

이러한 상황에서 위조상품의 판매자들을 찾아내고 이들의 위조상품 판매를 차단하고 위조상품 판매현황을 파악하고 관리하는 것이 브랜드나 콘텐츠를 보유하고 있는 기업들에게 특히 대중들에 널리 알려져 있고 많은 사람들로부터 사랑받는 브랜드나 콘텐츠의 보유기업들에게는 중요한 부분이 되어가고 있고, 이 과정에서 브랜드가 상표법이나 부정경쟁방지법과 같은 법률에 의해 어떻게 보호받을 수 있는지 그리고 위조상품들을 어떠한 법률에 근거하여 판매를 차단하고 더 나아가서는 어떻게 해당 위조상품들을 판매한 판매자들을 처벌할 수 있는지를 이해하고 브랜드의 가치가 훼손되는 것을 막아야 오랫동안 사랑받는 브랜드로 남을 수 있을 것이다.

（2）

짝퉁은 악일까?

짝퉁 즉, 위조상품 또는 위조상품을 만들거나 판매하는 것은 선인가 악인가의 문제는 너무 개념적이거나 모호할 수 있으니, 과연 위조상품이라는 것은 어떤 법률에 위배되는 불법제품인지를 따져보는 것이 좀 더 현실적으로 와닿을 것이다. 만약 위조상품이 어떠한 법률에도 위배되지 않는다고 하면 선이고, 어떠한 법률에 위배되는 것이라면 악이라고 이야기할 수 있다.

우리는 통상 위조상품이라고 하면 무언가 잘못된 것 또는 해서는 안 되는 것이라는 인식을 갖고 있는데, 그렇다면 위조상품이라는 것이 어떠한 규칙을 위반하고 있길래 달리 표현하면 어떠한 법을 어기고 있길래 이렇게 잘못된 것이라고 생각할까라는 문제를 살펴보자.

대표적으로, 위조상품은 상표법, 디자인보호법, 부정경쟁방지법, 저작권법을 위반하고 있는 제품일 것이고 좀 더 넓게는 특허법, 실용신안법을 위반하고 있는 제품일 것이다.

위조상품이라는 것은 위에 나열한 법률들 중에서 어느 하나 또는 그 이상의 법률을 위반하고 있는 상품이라고 보면 된다. 결국 위조상품이라는 것은 우리가 살고 있는 세상의 질서를 규율하기 위해 만들어진 어떤 법률을 위반하고 있는 것이고 따라서 위조상품을 만들고 판매하는 것은 어떤 위법한 행위로서 우리가 해서는 안되는 일 또는 어떤 악의 행위라고 우리는 생각하는 것이다.

그렇다면 위조상품은 왜 나타나고 또 무엇이 문제일까?

위조상품을 만들거나 판매하는 것은 이렇게 위법한 행위이고 사회적으로나 법적으로 비난과 처벌을 받을 일임에도 불구하고 수많은 위조상품들이 판을 치고 있는 이유는 무엇일까?

먼저, 위조상품을 만들어 판매하면 어떤 이익을 얻기 때문일 것이다. 그리고 그 이익이 상당히 크기 때문에 위법한 행위를 감행하면서까지 위조상품을 만들고 판매할 것이다.

예를 들면, 어떤 사람 A가 유명한 캐릭터 저작자에게 상당한 대가(일종의 로열티)를 지불하고 상품을 만들어서 판매하고 있다고 생각해 보자. 그런데 다른 어떤 사람 B가 해당 저작자에게 어떠한 대가도 지불하지 않고 마음대로 같은 제품을 만들어서 A보다 저렴한 가격에 판매하고 있다고 가정해 보자. B는 저작자에게 로열티를 지급하지 않기 때문에 동일한 제품을 만들더라도 해당 로열티만큼 가격을 낮추어도 A와 동일한 이익을 얻을 수 있게 된다.

제품의 품질 면에서 큰 차이가 없다면 소비자들은 A제품 대신 보다 더 싼 가격에 살 수 있는 B의 제품을 구매할 것이고, 결국 허락 없이 무단으로 판매하고 있는 B의 제품은 잘 팔리고 로열티를 지급하고 정당한 라이선스를 받아 제품을 제작해 판매하는 A의 제품은 팔리지 않는 불합리한 상황이 발생하게 된다.

더 나아가 만약 B가 만드는 제품이 품질이 현저히 떨어지는 제품이라고 가정해 보자. 특히, 외관만 볼 때는 동일해 보이는데 실제로 제품을 사용해 보면 그 품질이 매우 좋지 않아 제품의 사용에 문제가 발생하는 제품이라고 하면 손해의 범위가 넓어진다. 로열티를 지불하고 있는 A만 손해를 입는 것이 아니라 이 제품을 진짜라고 믿고 구매한 소비자 역시 제품을 속아서 산 것이 되고 조악한 품질로 인해 제품을 오래 사용하지 못하거나 하는 등의 손해가 발생하게 되는 것이다.

이러한 이유로 인해 우리는 위조상품은 잘못된 것이라고 생각하는 것이고, 이러한 위조상품을 근절하기 위해 정부부처나 많은 기관들에서 위조상품을 단속하기도 하는 등 많은 노력을 기울이고 있는 것이다.

모방은 창조의 어머니

가. 모방과 위조

모방이라는 것은 통상 다른 사람의 어떤 것을 보고 비슷하게 또는 똑같이 만드는 것을 말한다.

'모방'이라는 단어를 사전에서 찾아보면 아래와 같이 정의되어 있다.
① 다른 것을 본뜨거나 본받음.
② 사회 집단의 구성원들 사이에 나타나는 의식적·무의식적 반복 행위.

어떤 개인·집단의 행위나 표현이 다른 개인·집단에 의하여 비슷하게 반복되면서 사회의 결합 관계를 강화하게 되며, 어린이의 학습 과정이나 사회적 유행, 또는 전통의 계승에 있어서 중요한 의의를 가진다.

그리고, 관련 단어(Related Word)를 아래와 같이 설명하고 있다.

· 같은 말: 이미테이션
· 비슷한 말: 모습, 모본
· 반대말: 창조

재미있는 것은 모방의 반대말은 창조라고 설명해 놓은 부분이다. 결국 모방이라는 스스로 생각해서 만들어낸 것, 즉 자신이 창조한 것이 아니라 다른 사람이 만든 것을 보고서 비슷하게 만들어낸 것이라고 볼 수 있다.

모방과 비슷한 의미를 갖는 단어인 위조는 진짜처럼 만든 것이고 특히 누군가를 속일 목적으로 어떤 물건을 만드는 것이다.

모방과 위조는 비슷한 의미를 공통으로 갖고 있기도 하지만 면밀히 보면 서로 다르다.

위조의 경우 누군가를 속일 목적으로 진짜처럼 만드는 것이므로 나쁜 의도가 있었다는 것이고, 법적인 처벌 등을 받게 되는 잘못된 행동이라는 의미가 강하다. 우리가 통상 '짝퉁'이라고 일컫는 위조상품의 예가 그렇다.

상표법 제 108조에서는 상표권 침해에 대해 규정하고 있고, 상표권 침해 시 처벌 규정들에 대해서는 다른 조항들에서 다시 규정하고 있는데, 상표법 제 108조에서는 "타인의 등록상표와 동일한 상표를 그 지정상품과 유사한 상품에 사용하거나 타인의 등록상표와 유사한 상표를 그 지정상품과 동일·유사한 상품에 사용하는 행위"뿐만 아니라, "타인의 등록상표와 동일·유사한 상표를 그 지정상품과 동일·유사한 상품에 사용하거나 사용하게 할 목적으로 위조 또는 모조하는 행위"를 상표권 침해행위로 규정하고 있다.

나. 모방은 창조의 어머니?

'모방은 창조의 어머니'라는 말을 어렵지 않게 보거나 듣게 되는데, 여기서 모방이라는 것은 위에서 살펴본 것처럼 위조와 같이 나쁜 의미가 아니라 창조를 견인하는 긍정적인 기능을 하는 어떤 걸로 인식되어진다.

아리스토텔레스가 '모방은 창조의 어머니'라고 했다는데, 정말로 아리스토텔레스가 이 말을 했을까?

아리스토텔레스(Aristotle)의 『시학(Poetics)』에는 '미메시스'(mimèsis)라는 말이 나온다. '미메시스'(mimèsis)는 그리스어인데, 라틴어로는 'imitatio'로 번역되었고 그에 따라 영어와 프랑스어에서도 이를 대부분 'imitation', 즉 '모방'이라는 뜻으로 옮겨 썼다고 한다. 그러다 보니 국내에서도 이 '미메시스'(mimèsis)를 '모방'으로 번역하는 경우가 많은 것 같다.

아리스토텔레스는 『시학』에서 인간은 기본적으로 모방을 통해서 재현하려는 본성이 있다고 하였다. 인간은 모방의 존재이고 현실을 반영하고 재현하는 예술을 창조하고자 하는 강한 감정을 갖고 있다고 이야기한다. 그래서 이러한 재현을 예술의 시작점이라고 보기도 한다.

따라서, 아리스토텔레스가 "모방은 창조의 어머니"라고 했다기보다
는, 인간의 본성은 모방을 하고자 한다는 것이고, 그 모방이라는 것은
자연 또는 현실을 문자나 그림 등을 통해 재현하는 것을 의미한다는 것
을 이야기한 것이라고 보여진다.

특히 우리는 여기서 '모방'이라는 단어를 좀 더 따져 볼 필요가 있다.
영어의 'imitation'은 한국어로 '모방'이라고 번역되는데, '모방은 창조의
어머니'라는 말에서 'imitation(모방)'은 'copying(복사)'이 아니라 'repre-
sentation(재현)'의 개념으로 이해하는 것이 적절해 보인다.

아리스토텔레스가 모방을 예술의 시작점으로 보았다면, 그 모방
은 다른 사람이 만든 것을 보고 똑같이 복사하거나 베낀다(copy)는
것을 의미하는 것이 아니라 어떤 대상을 문자나 그림 등을 통해 재현
(represent)함으로써 예술 창작이 시작된다는 것을 의미한다고 보는 것
이 타당해 보인다.

다. 복사가 아닌 재현을 통한 창조

창조를 위한 모방은 자연에 있는 어떠한 것의 재현을 통해 새로운 창
작을 한다는 것을 의미하는 것에 가깝다. 따라서 다른 사람이 이미 창작
한 것을 비슷하게 또는 그대로 베껴서 무언가를 만드는 행위를 창조라
고 보기는 어려워 보인다.

따라서, '모방은 창조의 어머니'라고 이야기할 때 우리는 모방을 'copy-ing(복사)'이 아니라 'representation(재현)'의 개념으로 이해하여야 하고, 남의 것을 베끼는 것이 아니라 어느 정도의 영감을 얻은 후 자신만의 독특한 창작적 요소를 결합하여 새로운 어떤 것을 창조하는 경우를 말한다고 이해해야 할 것이고, 결국 여기서 모방이라는 것은 다른 사람이 만든 것을 그대로 베끼는 것이 아니라 다른 사람의 것을 일부 차용하는 정도로 상당히 좁게 해석해야 할 것으로 보인다.

짝퉁의 역사

가. 조선과 청나라에서 로마와 바이킹까지

최근 테무, 알리익스프레스의 한국 진출과 함께 짝퉁 이슈가 부각되고 있는 모양새다. 값싼 중국산 짝퉁 제품이 테무와 알리익스프레스를 통해 많이 유통된다는 것인데, 사실 짝퉁 문제는 이들 플랫폼 이외에도 대부분의 온라인마켓에서 발생하고 있던 문제이기도 하다.

그렇다면 짝퉁이 이렇게 온라인마켓에서만 발생하는 문제일까? 그렇지 않다. 이커머스 시장이 발달하기 이전에는 대부분의 짝퉁은 오프라인 시장을 통해 유통되었고, 특히 중국에서는 짝퉁 제품만을 전문적으로 파는 대형 시장들이 여러 개 있었다고도 한다.

그렇다면 짝퉁은 언제부터 있었던 것일까가 궁금해진다. 짝퉁에 대한 역사적인 기록들은 여러 곳에서 발견된다.

연암 박지원의 열하일기에는 "청나라에도 청심환이 많지만 가짜가 수두룩한데, 조선에서 만든 청심환은 진짜라 믿을 수 있다."라는 기록이 있는데, 이를 통해 청나라에서는 짝퉁 우황청심환이 광범위하게 유통되었다는 것을 알 수 있다.

윤기의 "무명자집"에 기록된 내용에 따르면, "도라지를 인삼으로, 까마귀고기를 꿩고기로, 말고기를 쇠고기로 속이는 자도 있고, 누룩에 술지게미를 섞고 메주에 팥을 섞는 자도 있다. 그 밖에도 셀 수 없을 정도다. 요즘은 소금이 귀한데 간신히 사고 보면 메밀가루를 섞어 놓는다"라고 기록하고 있다.

이를 통해 조선시대에도 다양한 짝퉁 제품들이 있었고, 이런 짝퉁을 판매하는 사람을 안화상이라 불렀다는 것을 알 수 있다.

조선시대 짝퉁 상인의 표적은 귀한 약재와 골동품이었다고 한다. 가장 심한 것은 인삼이었는데, 대동법이 시행되면서 인삼 납품은 공인이 담당하게 되었는데 인삼의 수요는 늘어났지만 화전 개간으로 인삼 산지는 갈수록 줄어들고 있었다. 도저히 가격을 맞출 수 없었던 공인들은 도라지와 더덕을 아교로 붙이거나 인삼 껍데기에 족두리풀 가루를 채워 넣어 가짜 인삼을 만들었다. 이를 조삼이라 한다. 심한 경우에는 납을 넣어 무게를 늘렸다. 쓰시마 번주가 조선 상인에게 사들인 가짜 인삼을 에도 막부에 바쳤다가 가짜라는 사실이 밝혀지면서 외교 문제로 비화한 적도 있다고 한다. (장유승 저, 조선잡사 216쪽 참조)

한편 오래된 병에서 떼어 낸 인기 많은 라벨을 옮겨 붙여 오래된 와인을 새롭게 탄생시키는 위조 행위는 지금뿐 아니라 고대 이래 성행했다.

이탈리아 남부의 캄파니아 지역에서 생산되던 최고급 '팔레르넘(Faler-num)' 와인은 사회적 지위를 나타내는 상징이었고, 노예를 거래할 때 화폐 대신 쓰이기도 했을 정도로 인기가 높았다. 팔레르노 와인의 가격은 보통 와인의 4배나 되었는데, 그러다 보니 짝퉁 팔레르노 와인을 만들어 판매하는 행위가 성행했고, 로마제국에서 유통되었던 팔레르노 와인 대부분은 진품이 아니었을 정도라고 한다. (이언 태터솔 '와인의 역사' 참고)

2008년 가디언지에 게재된 기사에 따르면, 1000년 된 유물에서 발견된 바이킹의 검들이 짝퉁이었다고 보도하고 있다. 기사의 내용을 보면 진품 검과 짝퉁 검이 보기에는 너무 똑같아서 그 차이를 구별할 수 없을 정도이고 그 차이는 실제로 사용을 할 때 나타나며 이것은 치명적인 결과를 낳을 수 있다는 어찌 보면 슬프면서도 재미있는 멘트를 남기고 있다.

온라인 짝퉁전쟁

위조화폐

가. 화폐의 역사와 함께한 위조화폐

1) 화폐의 정의와 금본위제도

'화폐'를 사전에서 찾아보면 '상품 교환 가치의 척도가 되며 그것의 교환을 매개하는 일반화된 수단. 주화, 지폐, 은행권 따위가 있다.'라고 기재되어 있어, 사전적으로는 화폐는 동전과 같은 주화, 종이화폐인 지폐 및 은행권 등을 포함하는 개념이라고 볼 수 있다.

옛날에 쌀, 소금 등은 그 자체의 사용목적과 달리 물품화폐로서 교환의 매개수단으로 널리 쓰였었다. 그리고 금, 은, 동 등의 금속이 그릇, 장신구 등의 재료로 널리 쓰이게 되면서 이 금속의 가치가 교환을 위한 화폐가치가 되는 금속화폐로 쓰였다. 따라서 옛날에는 이들 물품이나 금속 자체의 부피 혹은 중량이 어느 누구의 가치보증이 없어도 다른 물건을 살 수 있는 가치의 척도가 되었다.

그러나 국가의 형성과 기술발전으로 국가에 의한 금속화폐의 표준화가 진행되면서 금속화폐의 주조권을 군주 등 국가권력이 소유하게 되었다. 그런데 군주들은 화폐제조에서 이익을 얻을 목적으로 화폐의 귀금속 함유량을 감소시켜 화폐의 소재가치가 액면가치보다 낮은 주화를 발행하게 되었다. 결국 이를 계기로 화폐의 소재로 쓰인 재료의 가치와는 별개의 명목상 교환가치 인 화폐 액면이 등장하게 되었다.

더욱이, 이후 경제규모의 확대, 원거리 무역이 증대됨에 따라 금속화폐의 대량휴대 및 이동의 불편을 해소하기 위해 국가나 은행이 금, 은 등의 정식 화폐를 보관하고 그 보관증서로 지폐를 발행하는 제도가 정착되었다. 즉 19세기 초 당시 세계 최대의 경제강국이었던 영국은 화폐단위를 금의 일정량과 같게 하고 전액 금화로 지급하는 조건으로 지폐 등의 명목화폐를 통용시키는 금본위제도를 채택하였다. 그리고 이것이 20세기 초에 이르기까지 많은 국가가 금본위제도를 채택하는 계기가 되었다.

그러나 국가간 교역규모가 더욱 확대되면서 지폐 등 명목화폐 발행조건인 금의 공급에는 한계가 있었으며, 제1차 세계대전 등의 전쟁은 국가로 하여금 금의 준비 없이도 지폐를 발행하는 계기를 제공하였다. 이로써 점차 정식화폐인 금과 지폐의 가치에는 1대 1의 관계가 사라졌으

온라인 짝퉁전쟁

며 결국 오늘날의 화폐에 그 소재가치와 무관한 액면이 정해지게 되었다. 그 대신 오늘날 거의 모든 국가가 정부 행정조직과는 별개인 중앙은행을 설립하고 그 중앙은행에게 화폐의 독점적 발행권한을 부여하여 화폐가치 안정(물가안정)의 책무를 수행토록 하고 있다.

나. 한국은행의 화폐발행권

한국은행법에서는 한국은행만이 대한민국의 화폐를 발행할 권한을 갖는다고 되어 있다.

제47조(화폐의 발행) 화폐의 발행권은 한국은행만이 가진다.

제47조의2(화폐단위)

① 대한민국의 화폐단위는 원으로 한다.

② 원은 계산의 단위가 되고 100전으로 분할된다.

③ 원은 영문으로 WON으로 표기한다.

④ 전은 영문으로 JEON으로 표기한다.

제48조(한국은행권의 통용) 한국은행이 발행한 한국은행권은 법화(法貨)로서 모든 거래에 무제한 통용된다.

제49조(한국은행권의 권종 등) 한국은행은 정부의 승인을 받아 금융통화위원회가 정하는 바에 따라 어떠한 규격·모양 및 권종(券種)의 한국은행권도 발행할 수 있다.

다. 위조화폐

　위조화폐는 사전적 의미로 '진짜처럼 보이게 만든 가짜 화폐'로 정의된다.

　조선 시대에는 세종대왕이 조선통보를 만들기 전까지는 닥나무 종이로 만든 저화를 발행했는데, 사람들이 사용을 꺼려해서 널리 유통되지는 않았다. 그 이유 가운데 하나가 위조범에 대한 처벌이 가벼워서 위조가 많았던 탓도 있다. 심지어 저화를 발행하는 관리가 몰래 종이를 들여와 저화를 찍어 소를 잡아먹었다는 기록도 있다. 하지만 조선통보가 나온 이후로 위조범은 가차없이 효수해 버렸다.

　조선시대 말기에도 흥선대원군의 당백전 발행이 있자 위조화폐가 만들어졌고, 대한제국 시기 백동화가 만들어지자 백동화 제조기술을 가져왔던 일본에서 위조 백동화와 위조 백동화 제조기계까지 밀수되었다. 이게 얼마나 사회문제가 되었는지 일본내에서도 백동화 위조범 처벌 법규를 만들었을 정도이다.

　숙종 4년(1664년), 구리와 납을 7대 3 비율로 섞어 만든 상평통보가 탄생했다. 주전틀이 나뭇잎처럼 생겼다고 해서 엽전(葉錢)이라 불리기도 했던 상평통보는 제작 과정이 비교적 단순했던 탓에 위조 사건이 심심찮게 발생하곤 했다.

　그 누구보다 엄격하게 상평통보를 관리해야 했던 주전소(동전을 주조하던 관아) 관리들조차 화폐 위조에 가담했는데, 태연이라는 한 관리는 실제로는 43만 냥을 주조해 놓고 25만 냥만 주조했다고 보고했다. 나머지 18만 냥은 빚을 갚고 생활비로 썼다고 한다.

라. 화폐번호 77246 사건

근래 우리나라의 대표적인 위조화폐 사건이 바로 일명 '화폐번호 77246' 사건이다. 이는 2005년 3월부터 검거 직전인 2013년 6월까지 8년 간 무려 5만 장이 넘는 오천 원권 위조지폐가 유통된 사건으로, 사건의 이름이 77246인 이유는 위조지폐의 발행번호에 늘 77246이 포함되어 있었기 때문이다. 한 개인이 단독으로 장기간에 걸쳐 수만 장이 넘는 위조지폐를 발행해 유통시키면서도 수사망에 걸려들지 않아 오랫동안 잡히지 않은 매우 드문 사례이다.

컴퓨터그래픽 전공자였던 김 모 씨는 2006년 실직 이후 5000원권 위조지폐를 만들었다. 자식 중 한 명이 장애를 가지고 있어 병원비 부담으로 인해 위조지폐 제작을 시작했다. 5000원권을 위조한 이유는 당시 유통 중이던 구권에 홀로그램 위변조 방지 기술이 없다는 점을 노린 것으로 추측된다. 77246 위조지폐는 잉크젯으로 복사했지만 지폐를 비추면 나오는 숨은그림 장치도 구현돼 일반인들은 외관상 쉽게 구분이 어려웠다고 한다. 김 씨는 CCTV가 없고 노인이 운영하는 철물점이나 슈퍼마켓에서만 위폐를 사용했다. 위조지폐를 내고 거스름돈을 챙기는 방식으로 범행을 일삼았다.

　범인은 2013년 서울에서 검거되었다. 과거 위폐를 사용한 적이 있는 서울 광진구의 한 가게를 방문했다. 슈퍼마켓 주인은 1월 이 가게를 방문했던 김 씨가 사용한 돈이 위폐임을 확인한 뒤 포스트잇에 위폐 일련번호 '***77246**'을 적어 계산대에 붙여 놓고 5,000원권 구권 사용자를 주시해 왔다. 김 씨는 가게 주인의 기지로 체포되었다.

　이 사건으로 인해 화폐 교체 계획이 변경되었다. 현행 5,000원권을 다른 액면에 비해 1년 앞당겨 발행하게 되었다. 또 홀로그램, 요판만상 기술 등 총 7개의 위조 방지 장치가 새 지폐에 도입되었다.

　범인은 이미 검거되어 교도소에 수감 중이지만, 문제의 위폐는 검거 후 7년이 지난 현재에도 발견되고 있다. 만약 범인의 실수, 신권 교체, 후술할 슈퍼마켓 주인의 눈썰미 중 1가지라도 없었으면 미제 사건으로 끝날 뻔했던 사건으로, 검거 직전까지 국정원에서도 관여할 정도로 중대한 사건이었다고 한다.

짝퉁 와인

가. 와인의 역사

와인은 언제 누가 어떻게 만들었는지, 아무도 모른다. 유물이나 벽화를 보고 와인은 인류가 마신 최초의 술로 추정할 뿐이다. 양조용 포도나무의 원산지는 카스피海와 黑海(흑해) 사이의 소아시아 지방으로 알려져 있다. 노아가 홍수가 끝난 뒤 정착했다는 아라랏山 근처로 성경 구절과 일치하는 지역이다. 성경에는 「노아가 포도나무를 심고 포도주를 마셨다」(창세기 9:20~21)라는 구절이 있다.

와인은 수천 년 전 메소포타미아 문명에서 이집트와 그리스를 거쳐 고대 로마에 전파됐다. 로마인들은 포도 재배와 양조 기술을 최초로 기록으로 남겼다. 시저가 로마 군대를 이끌고 유럽을 점령하면서 프랑스·스페인·독일 등지에서 와인 생산이 시작되었다.

로마인들은 정복지마다 포도나무를 심었고, 이것이 와인이 유럽으로 퍼져 나가게 된 기원이다. 와인이 유럽에 퍼지게 된 데는 기독교가 한몫을 한다. 4세기 초 콘스탄틴 황제의 기독교 공인 이후, 미사用 와인의 수요가 늘어나 포도 재배가 확산되었다.

16~17세기 지리상의 대발견 시대에 탐험가들의 배에는 와인과 포도나무가 실려 있었고, 와인은 신대륙으로 전파되었다. 미국·칠레·호주 등의 와인을 「新世界(신세계) 와인」이라 부르는 이유가 바로 여기에 있다.

(이경희, 초보자를 위한 와인 가이드 ① 와인의 역사와 종류 참조)

나. 명품 와인이란?

세계적인 와인전문가인 로버트 파커(Robert Parker)는 그의 저서 'THE GREATEST WINE'에서 위대한 와인의 조건으로 아래의 여덟 가지를 제시했다고 한다.

첫째, 미각과 지성을 다 함께 만족시킬 수 있어야 한다.

둘째, 시음자의 관심을 지속적으로 끌 수 있는 흡인력을 지녀야 한다.

셋째, 강렬한 아로마와 향미를 제공하되 무겁고 둔탁하지 않아야 한다.

넷째, 한 모금씩 와인을 마셔 나갈수록 더욱 더 맛이 뛰어나야 한다.

다섯째, 숙성이 진행될수록 와인의 품질이 향상되어야 한다.

여섯째, 명품 와인만의 비범한 개성을 보여 줄 수 있어야 한다.

일곱째, 와인산지의 떼루아를 탁월하게 반영해야 한다.

여덟째, 와인을 만드는 사람의 열정과 헌신이 있어야 한다.

다. 짝퉁 와인의 등장

명품 와인은 많은 와인 애호가들이 사랑하면서도 비싼 가격을 지불하더라도 기꺼이 구매를 하고 싶어하는 와인일테니, 이렇게 많은 마니아들이 있는 시장에 짝퉁 와인이 등장하지 않을 리 없다. 사람들이 많은 찾는 물건들은 반드시 가짜 상품이 나타나기 마련이다.

프랑스 보르도 와인협회 조사에 따르면 중국에선 1시간마다 3만 병씩 짝퉁 와인이 팔리고 있다고 한다. 문제는 이런 제품들이 중국을 넘어서 해외로도 수출되고 있다는 것이다. 와인 대표국인 프랑스와 이탈리아 등도 매년 짝퉁 와인을 적발하느라 골머리를 앓고 있다. 이러한 짝퉁 시장 규모는 전세계를 통틀어 400억 달러(약 44조 7800억 원)에 육박하는 것으로 추정되고 있다.

영국 노섬브리아대학교 연구진은 짝퉁 와인 유통을 막지 못하면 전세계 와인산업이 입는 직간접적 피해 규모가 2022년 3조 1000억 달러(약 3464조 원)까지 불어날 것으로 예상된다는 결과를 내놓기도 했다.

특히 고가의 와인을 즐기는 수집가들은 짝퉁 와인에 속을 가능성이 더 큰 상황이다. 협회에 따르면 수백만 원에서 수천만 원을 호가하는 한 정판 최고급 와인들을 위주로 짝퉁이 넘쳐나고 있다고 한다. 대표적으로는 보르도 와인 중 1등급으로 취급받고 있는 샤토 라피트 로쉴드, 샤

토 라투르, 샤토 무통 로쉴드를 비롯해 부르고뉴 지역의 로마네 꽁티 등
이 꼽힌다.

라. 짝퉁 와인을 만드는 방법

짝퉁 와인을 만드는 방식은 크게 세 가지이다.

① 업자들이 가장 선호하는 방식은 진짜 정품 와인병에 가짜 와인을
채우는 것으로 날고 기는 평론가들도 속을 수밖에 없다고 토로한
다. 업자들은 정품 빈병을 암시장에서 개당 1000달러 상당에 구입
하는데 한정판 제품의 빈병일수록 인기가 높다고 한다.
실제 홍콩의 한 경매업체는 2012년 최고급으로 쳐 주는 크뤼그 샴
페인 1947년산을 1만 3500달러에 팔았는데 정작 제조사인 프랑스
LVMH의 주류 회사 모에헤네시 에스테이트&와인이 가짜를 팔았
다고 소송을 제기하기도 했다.
앞서 2010년에는 유명한 와인 평론가 로버트 파커가 1921년산 샤
또 페트뤼스 매그넘에 개인 최고점인 100점을 준 적이 있었는데,
사실 이는 업자가 진짜라고 속이고 그에게 시음을 권한 가짜였다.
제조업체 측은 실제로 1921 페트뤼스 매그넘은 생산된 적이 없다
고 밝히기도 했다.

② 두 번째는 정품과 똑같이 복제하는 방식이고, 세 번째는 '유니콘'이

라고 불리는 방법이다. '유니콘'은 쉽게 말해 정품과 똑같이 만들지 않고 짝퉁 업자 마음대로 글자체나 라벨 디자인 등을 만드는 것을 말한다. 짝퉁 중에서도 제일 하급으로 취급받지만 와인에 대해 잘 모르는 사람들은 이러한 '유니콘'에도 쉽게 속아 넘어갈 수 있다. (2019. 1. 29. 머니투데이 기사 참조, '천달러 정품 빈병에 가짜…시간당 3만병 팔리는 中짝퉁 와인')

II

변화하는 짝퉁의 세계

①

온라인마켓의 성장과
짝퉁시장의 이동

전자상거래는 1990년대 후반 인터넷 보급과 함께 시작된 이후 놀라운 속도로 성장해 왔다. 초기에는 주로 책이나 음악 CD와 같은 제한된 품목을 다루던 온라인 쇼핑몰이었지만, 기술의 발전과 인터넷 사용의 대중화로 인해 점차 다양한 상품과 서비스를 포함하게 되었다.

2000년대 초반에는 eBay와 같은 온라인 경매 사이트와 Amazon과 같은 전자상거래 거대 기업이 등장하면서 이커머스는 새로운 소비 트렌드로 자리 잡게 되었다. 특히 Amazon은 고객 중심의 혁신적인 서비스를 통해 온라인 쇼핑의 표준을 세웠다. 이어서 모바일 혁명이 본격화되면서 스마트폰을 통한 쇼핑도 대중화되었다.

최근 몇 년간 COVID-19 팬데믹은 이커머스 시장의 성장을 더욱 가속화시켰다. 팬데믹 기간 동안 많은 사람들이 집에 머무르면서 온라인 쇼핑에 의존하게 되었고, 이는 더욱 다양하고 풍부한 온라인 쇼핑 경험을 이끌어내게 했다. 비대면 거래의 필요성이 증대되면서 많은 전통적인 소매업체들도 이커머스 시장에 진출하게 되었고, 그 결과 온라인 상거래는 이제 우리 생활의 중요한 일부가 되었다.

이와 같은 온라인 마켓의 폭발적인 성장과 함께, 기존에 오프라인에서 활동하던 위조 상품 판매자들도 그들의 활동 무대를 온라인으로 옮기게 되었다. 이는 여러 가지 이유로 설명될 수 있다.

① 익명성 보장

온라인 환경에서는 판매자의 신원을 추적하기가 어렵다. 이는 위조 상품 판매자들이 법적 제재를 피하기 위해 온라인으로 이동하는 주된 이유 중 하나이다. 온라인에서는 가짜 정보를 제공하거나, 여러 개의 가짜 계정을 만들어 활동하기가 용이하다. 이러한 익명성은 위조 상품 판매자들에게 법적 혹은 사회적 제재로부터 자신들을 보호하는 중요한 도구이다.

② 광범위한 접근성

온라인마켓은 전 세계 어디서든 접근할 수 있다. 오프라인 시장과 달리, 국가나 지역의 경계를 넘어 전 세계 소비자를 대상으로 판매할 수 있는 막대한 기회가 온라인에서는 열려 있다. 이는 위조상품 판매자들에게도 마찬가지로 매력적인 요인이 된다. 더 넓은 시장을 목표로, 더 많은 소비자에게 접근할 수 있다는 것은 총 판매량을 증가시킬 가능성을 높여 준다.

③ 저비용 고효율

오프라인 매장을 운영하려면 임대료, 운영 비용 등 많은 자금이 필요하지만, 온라인에서는 비용을 크게 절감할 수 있다. 웹사이트나 온라인 쇼핑몰을 통해 제품을 홍보하고 판매하기가 상대적으로 저렴하고 효율적이다. 웹 호스팅, 도메인 비용, 일부 마케팅 비용 등을 제외하면 비교적 저렴한 비용으로도 글로벌 거래가 가능하다.

④ 간편한 상품 등록

많은 이커머스 플랫폼들은 간단한 절차를 통해 상품 등록을 할 수 있게 제공하고 있다. 이는 위조상품 판매자가 수월하게 여러 플랫폼에 상품을 등록하고 판매를 시작할 수 있게 한다. 몇 번의 클릭만으로 전 세계 수백만 잠재 고객에게 제품을 노출시킬 수 있는 기회는 오프라인 상점에서는 상상할 수 없는 일이다.

⑤ 소비자 유혹 요소

온라인에서는 고가의 정품 상품을 저렴한 가격에 구매할 수 있을 것이라는 소비자들의 기대심리를 자극하기가 용이하다. 비정상적으로 낮은 가격과 과도한 할인율 등은 소비자들에게 매력적으로 다가오며, 많은 소비자들이 무의식적으로 위조상품을 구매하게 만드는 원인이 된다. 또한 구매 후기가 조작된 경우도 많아 소비자들은 위조상품을 걸러내기가 어려워진다.

전통적인 오프라인 시장에서 활동하던 위조상품 판매자들이 온라인으로 이동하면서, 이커머스 시장의 성장과 함께 위조상품 문제도 심화되었다. 이는 판매자들의 익명성 보장, 광범위한 접근성, 저비용 고효율 등 여러 가지 요인에 기인한다. 이러한 문제를 해결하기 위해서는 온라인 플랫폼 운영자, 정부, 소비자 모두가 협력하여 신뢰할 수 있는 온라인 쇼핑 환경을 구축해야 한다.

① 플랫폼 운영자의 역할

온라인 플랫폼 운영자들은 보다 엄격한 인증 절차를 도입하고, AI 기술을 활용한 실시간 모니터링을 통해 위조상품을 탐지하는 데 많은 노력을 기울여야 한다. 예를 들어, Amazon과 eBay 같은 대형 이커머스 플랫폼들은 이미 강화된 판매자 검증 시스템과 신고 시스템을 운영하고 있다. 그러나 그 범위와 깊이는 더욱 강화될 필요가 있다.

② 정부의 역할

정부는 관련 법규를 강화하여 위조상품 거래를 방지해야 한다. 온라인 플랫폼을 통해 판매되는 모든 상품에 대해 명확한 규정을 마련하고, 위반 시 엄격한 처벌을 부과하는 것이 중요하다. 또한 국제적 협력을 통해 위조 상품의 국제 거래를 감시하고 막을 수 있는 체계를 구축해야 한다.

③ 소비자의 역할

소비자 역시 신중한 구매 태도를 견지해야 한다. 너무 저렴한 가격에 판매되는 상품에 대해 의심을 가지고, 공식 판매처나 인증된 판매자로부터 구매하는 것이 중요하다. 또한 상품 구매 전에 리뷰와 판매자 평가를 꼼꼼히 확인하는 습관을 가지는 것도 좋다.

위조 상품 문제는 단순히 경제적인 손실을 떠나 소비자의 안전과 신뢰를 위협하는 심각한 문제이다. 우리가 온라인 쇼핑의 편리함을 누리는 동시에, 그 안에 숨겨진 위험을 바로 알고 적극적으로 대응해 나간다면, 보다 안전하고 신뢰할 수 있는 이커머스 시장을 만들 수 있을 것이다.

유럽에서의 짝퉁에 대한 인식

　유럽특허청은 "2023 유럽 시민 및 지식재산권 : 지각, 인식 그리고 행동 - 2023"보고서를 발표한 바 있다. 이 보고서는 유럽연합 모든 체약국들 내에서 15세 이상인 25,824명에 대한 인터뷰를 기반으로 작성되었다. 이 보고서에 따르면 대부분의 유럽인들이 위조품 구매가 정당한 행동이 아님을 인식하고 있으며, 또한 그들은 위조품이 비윤리적 행동, 범죄 조직을 조장하고 비즈니스와 일자리를 파괴함으로써 부정적인 경제적 영향을 미친다고 믿고 있다는 것을 보여 주고 있다. 또한 유럽인 10명 중 1명 이상이 위조품을 구매한 적이 있다고 인정하였다.

[위조품 구매의 부정적인 영향에 대한 인식]

　전반적으로 유럽인들은 위조품 구매의 부정적인 영향을 강하게 인식하고 있다. 10명 중 약 8명(83%)이 위조품 구매가 비윤리적 행동을 지원한다고 생각하고 있고, 약 80%는 위조품 구매가 범죄조직을 지원한다고 생각하며, 약 79%는 위조품 구매가 비즈니스와 일자리를 파괴한 다는 데에 동의하였다.

또한 설문에 응답한 유럽연합 시민들 중 66%는 위조품 구매가 건강과 안전에 위협이 된다는 것에 동의하였고, 약 62%는 위조품 구매가 환경 에 유해한 영향을 미친다고 응답했다.

이에 반해 위조품 구매가 시장 주도 경제와 대형 프리미엄 브랜드에 저항하는 수단으로 인정될 수 있느냐는 질문에는 절반 가량의 응답자들 이 동의하였고 나머지 절반은 동의하지 않았다.

[위조품에 대한 인식]

위조품 구매에 대한 정당성에 대한 설문에 대해서는 대다수의 유럽인 들이 정당성을 인정하지 않았다. 모든 사람이 위조 제품을 구매하기 때 문에 위조품 구매가 크게 문제될 것이 없다고 응답한 사람은 약 19%에 불과하였고, 응답자의 81%는 이에 동의하지 않았다.

정품 제품이 없거나 아직 구매할 수 없는 경우에는 위조품을 구매해 도 되는지에 대해서도 약 24%의 응답자들만이 문제될 것이 없다고 하 였고 나머지 76%는 이에 동의하지 않았다.

럭셔리 제품일 경우 또는 제품의 품질이 중요하지 않을 경우에는 위 조상품을 구매할 것이라는 응답도 각각 24%와 27%에 불과했다.

다만, 정품 제품의 가격이 너무 비쌀 경우에는 위조품을 구매할 수 있 다고 한 응답은 약 31%에 달했다.

[유럽 젊은 층의 위조품에 대한 태도]

이러한 위조품 구매가 정당화될 수 있는 사유들에 대한 수용 정도는 연령에 따라 다르게 나타난다. 젊은 유럽인들일수록 위조품 구매의 정당성에 동의하는 경향이 강했다. 예를 들어, 15세에서 24세 사이의 절반(50%)은 정품의 가격이 너무 높을 때 위조품을 구매하는 것이 허용된다는 데 전적으로 동의하거나 동의하는 경향이 있었으며, 10명 중 4명(41%)은 명품의 경우에는 위조품을 구매하는 것이 허용된다고 말했다.

위조품을 의도적으로 구매한 경험이 있는 사람은 위조품 구매 행동을 정당화하는 경향을 보였다. 위조품 구매자는 정품의 가격이 너무 높을 때(71%) 위조품 구매가 허용될 수 있다고 생각했다. 10명 중 6명 이상이 정품이 럭셔리 제품일 때(63%), 제품을 구할 수 없을 때(61%), 제품의 품질이 중요하지 않을 때(61%) 위조품 구매가 용인된다고 생각했다. 모두들 위조품을 구매하기 때문에 위조품을 구매하는 것이 정당하다고 한 응답자도 절반 이상(54%)이었다.

[국가별 의도적 위조품 구매자]

지난 12개월 동안 의도적으로 위조 제품을 구입했다고 한 유럽인의 비율은 13%였다. 그러나 스스로 신고한 위조품 구매의 발생률은 국가마다 크게 달랐다. 불가리아가 가장 높은 24%였고 핀란드가 가장 낮은 8%였다. 불가리아 외에도 스페인(20%), 아일랜드(19%), 룩셈부르크(19%), 루마니아(18%)에서 의도적인 위조품 구매가 EU 평균보다 높았다.

[연령별 의도적 위조품 구매자]

젊은 사람들은 나이 든 사람들보다 의도적인 위조품 구매에 대해 허용하는 경향이 있었다. 15세에서 24세 사이의 소비자 중 약 1/4(26%)이 그런 적이 있다고 말했다. 이는 EU 평균의 두 배이다.

의도적인 위조품 구매자의 연령대별 응답을 보면, 15-24세, 25-34세 및 35-44세 유럽인의 위조품 소비는 EU 평균 이상이었고, 이와는 대조적으로 45세 이상 유럽인의 경우 이러한 상품의 구매가 10% 미만으로 떨어진다.

[무엇이 당신의 위조품 구매를 중단하게 하나요?]

위조품을 구매하지 않는 이유는 고의로 구매한 사람과 구매하지 않은 사람에 따라 다르다. 첫 번째 그룹의 경우 합리적인 정품의 가격이 이러한 위조품 구매를 중단하도록 할 수 있지만 두 번째 그룹은 주로 위조품 구매의 부정적인 영향에 대한 이해와 인식에 의해 영향을 받는다.

의도적으로 위조 제품을 구입했다고 한 유럽인의 경우, 정품의 합리적인 가격이 위조 제품 구매를 중단하게 만드는 주요 원인이었다. 10명 중 4명(43%)은 원래 제품의 가격이 저렴하다면 이러한 행동을 중단할 것이라고 응답했다. 25%는 또한 정품을 더 많이 제공하거나 더 나은 제품을 제공하는 것이 위조품 구매를 중단하는 이유가 될 것이라고 말했다.

정품 제공과 관련된 이 두 가지 이유 외에도 제품의 품질 저하(27%), 안전 또는 건강 위험(25%) 또는 적발 및 벌금 부과 위험(21%)과 같은 위조품에 대한 나쁜 경험에 노출될 위험도 비교적 빈번하게 해당 제품 구매를 중단하는 동인이다. 마지막으로, 일자리와 경제(19%), 원래 제품의 생산자(19%) 또는 환경(16%)에 미치는 해로운 영향에 대한 이해와 인식이 위조품 구매를 중단해야 하는 잠재적인 이유로 언급되었다.

[당신은 의도적으로 위조품 구매를 하지 않는다고 답했는데, 그 이유는 무엇인가요?]

위조품 구매를 중단해야 하는 이유는 여러 측면에서 연령에 따라 다르다. 첫째, 위조품을 구매한 젊은 유럽인은 정품의 합리적인 가격으로 인해 위조품 구매를 중단할 것이라고 생각할 가능성이 나이든 유럽인보다 적었다. 15~24세의 경우 40%, 25~34세의 경우 37%, 평균 43%, 65세 이상의 경우 58%이다.

그러나 정품의 합리적인 가격은 여전히 위조품 구매를 중단하게 하는 가장 중요한 동인이다(심지어 젊은 연령대에서도 그렇다). 대조적으로 젊은 유럽인들은 위조품이 사회와 환경에 미치는 해로운 영향을 이해하고 인식할 경우 위조품 구매를 중단할 것이라고 말하는 경향이 평균보다 훨씬 더 높다. 일자리와 EU 경제 또는 원래 제품의 생산자에게 피해를 주는 경우 15-24세의 23%가 위조품 구매를 중단할 것이라고 했는데 이는 평균을 상당히 웃도는 수치이다. 환경에 미치는 피해의 경우에도 22%로 평균 18%를 웃도는 수치이다.

의도적으로 위조품을 구매하지 않은 사람들에게 자신, 사회 및 생산자에 대한 해로운 영향은 위조품을 구매하지 않는 가장 중요한 동인이며, 정품의 경제성, 품질 또는 가용성보다 더 중요했다. 그들은 위조품의 구매가 건강 및 안전을 위협하고(34%) 정품 생산자에게 피해를 야기하며(33%) 그 외에도 범죄 조직을 지원한다는(36%) 사실을 가장 자주 언급했다.

여기서도 나이에 따라 결과가 다르다. 15세에서 24세 사이의 사람들은 위의 세 가지 이유(범죄조직 지원, 안전과 건강의 위협, 정품생산자의 피해, 각각 25%, 27%, 26%)에 따라 영향을 받을 가능성이 평균보다 훨씬 낮다. 대조적으로, 이 연령대의 사람들은 자신들의 대외적인 이미지에 대한 잠재적 피해에 대해 평균보다 더 민감하다. 19%는 그러한 피해의 위험 때문에 위조품을 구매하지 못한다고 말했으며, 이는 평균 13%보다 상당히 높은 수치이다.

불법무역과 한국경제 – OECD

한국특허청이 경제협력개발기구(Organisation for Economic Cooperation and Development)에 의뢰하여 2024년 7월 OECD가 공개한 "불법무역과 한국 경제"의 내용을 기반으로 위조상품이 한국 경제에 미치는 영향을 정리해보고자 한다.

가. 한국 지식재산권을 침해하는 위조품의 규모는?

이번 OECD 조사 결과에 따르면, 한국 지식재산권을 침해하는 위조품의 총 국제 교역액은 2021년 최대 11조 960억 원(미화 97억 달러)에 달했으며, 이는 같은 해 한국의 전체 정품 수출액의 1.5%에 해당하는 액수였다. 산업별로는 전자 제품의 위조품 국제 교역액이 2021년 6조 9780억 원(미화 61억 달러)에 달해, 한국 위조품 총액의 62%에 해당하는 것으로 조사되었으며, 특히 휴대폰, TV, 스크린, 배터리와 관련 부속품(헤

드폰, 케이블, 충전기, 케이스 등)과 같은 전자 및 통신 장비들이 가장 흔히 위조되었고 그 외에도 컴퓨터와 주변 장치, 자동차 부품 등이 많이 위조되었다.

나. 위조품이 한국 경제에 미치는 영향은?

위조품은 기업의 매출액을 감소시킬 뿐만 아니라 일자리와 정부의 세수 부문에서도 큰 손실을 야기하는 것으로 조사되었다. 2021년, 한국 지식재산권을 침해하는 위조품 거래로 인해 한국 제조 부문에서 13,500개가 넘는 일자리가 사라진 것으로 조사되었는데, 특히 가전 제품, 전자 및 통신 장비 제조 부문에서는 9,500개가 넘는 일자리가 사라지면서 최대 손실을 기록했다. 2021년, (i) 한국 지재권 보유자의 매출 하락과 수익 감소 및 (ii) 개인소득세수 감소와 사회보장부담금 세수 감소로 인한 한국 정부의 세수 감소액은 1.8조 원(미화 15.7억 달러)에 달해, 두 세원에서 징수한 총 세수의 0.65%에 해당하는 것으로 나타났다.

다. 주요 조사 결과

1) 한국 지재권을 침해하는 국제 거래 위조품의 총 가액

한국 지재권을 침해하는 국제 교역액을 상품별로 보면, 가전제품, 전자 및 통신 장비와 관련된 위조품이 많았는데 교역액이 61억 달러 즉 한화로 7조에 육박했고, 그 다음으로 자동차 및 오토바이 관련 위조품이

25억 달러, 시계 및 보석류가 3.2억 달러, 의류, 신발류, 가죽 및 관련 제품 위조품이 2.5억달러 그리고 향수 및 화장품이 2.3억 달러였다.

2) 한국 지재권을 침해하는 위조품의 거래국

2020-2021년 사이 한국 지식재산 침해로 압류된 위조 제품은 압류 건수를 비중으로 볼 때 대부분 홍콩(중국)과 중국이 출처국(유래국)인 것으로 나타났다. 이들 국가의 세관 압류물 비중은 각각 69%와 17%로 두 국가의 비중을 합하면 86%에 달했고, 압류 가액 기준으로도 홍콩(중국)과 중국은 74.5%와 16%를 차지해 두 국가의 비중을 합하면 90%를 넘었다.

3) 한국 기업의 매출 손실

국제 교역에서 치재권 침해로 인한 한국 기업의 매출 손실 총량은 6조 7980억 원(미화 61억 달러)으로, 같은 해 한국 기업 총 매출액의 0.6%에 달했다. 가전제품, 전자 및 통신 장비 부문의 제조업은 위조로 인해 가장 큰 타격을 입은 분야로, 2021년 피해액은 4조 1180억 원(미화 36억 달러)으로 나타났고, 자동차 부품 분야 피해액은 2조 590억 원(미화 18억 달러) 그리고, 시계 및 보석류와 향수 및 화장품과 의류, 신발류, 가죽 및 관련 제품 등이 그 뒤를 이었다.

4) 한국 내 일자리 감소

한국 IP 침해로 인해 한국 내 총 일자리 수는 2021년 13,500개 이상 감소한 것으로 조사되었는데, 이는 한국 제조업 부문 전체 근로자 수의 0.7%

에 해당하는 수치로 만약 위조가 없었다면 그만큼의 일자리를 보전할 수 있었음을 나타낸다. 가전 제품, 전자 및 통신 장비 제조 부문에서는 2021년 9,500개가 넘는 일자리가 사라지면서 최대 손실을 기록했고, 자동차 및 오토바이, 시계 및 보석류와 의류, 신발, 가죽 및 관련 제품이 그 뒤를 이었다.

라. 대응 및 과제

위조품의 유통이 온라인 구매를 통해 가장 빈번하게 일어나고 있으며, 조사 결과에서도 위조품의 운송방식으로 우편 배송이 절반 이상을 차지할 정도로 많았다. 코로나 19 팬데믹으로 전자상거래 규모가 급증하면서 소형포장물 배송이 늘어났고, 위탁 배송물의 상세 내역에 내용물과 다른 허위 정보가 기재된 경우 위조 상품을 적발하기가 어려워지고 있기도 하다. 이러한 문제를 해결하기 위해서는 온라인 플랫폼, 소형포장물 운송 업체 및 정기 배송 서비스 업체와 협력을 강화할 필요가 있다고 보고서에서는 지적하였다.

한국특허청은 지재권 침해에 대응하기 위한 조사 활동을 벌이고 있고, 특별사법경찰(특사경) 등을 통해 제조 현장을 적발하는 등 치밀한 온라인 및 오프라인 조사를 통해 침해를 단속하고 있다. 기업에서는 특허청 산하 한국지식재산보호원(KOIPA)과 같은 지재권 담당 기관과, 협력 및 정보 공유를 강화하고 특허청의 다양한 지원 활동들을 적극 활용할 필요가 있다. 또한, 위조품이 주로 유통되는 중국 및 동남아 쇼핑 플랫폼 내 위조품 게시 단속 조치를 전문적으로 처리하는 서비스를 활용하는 등 관련 업계와의 협업을 강화할 필요가 있다.

남대문 짝퉁 판매 현주소

앞서 살펴본 OECD의 "불법거래와 한국경제" 보고서에 따르면 한국 지재권을 침해하는 위조품의 국제 교역액은 2021년 약 12조 원에 달하며, 이는 같은 해 한국 정품 수출액의 1.5%에 달하는 액수라고 한다. 짝퉁으로 인한 피해의 규모가 얼마나 큰지를 여실히 보여주는 수치이다. 해당 보고서가 세관에서 적발되는 위조상품들을 위주로 조사하여 발표한 것이라는 점을 고려하면 실제로 위조상품으로 인한 피해는 발표된 규모보다 훨씬 클 것이라는 것이 필자의 생각이다.

동대문 새빛시장의 일명 '노란 천막'들에서 판매되는 짝퉁 명품제품들에 대해 특사경에서 대대적인 단속을 벌였다는 기사들을 심심치 않게 접할 수 있다. 하지만 '짝퉁'이라고 불리는 위조상품들이 동대문 '노란 천막'에서만 거래되는 것은 아니며 남대문 시장 역시 대표적인 짝퉁 제품 거래 시장이다. 남대문에서 위조상품들이 어떻게 거래되고 있는지 현장 취재를 통해 확인해 보았다.

　남대문 시장 내 짝퉁 상품 판매는 해외 관광객들의 필수 코스로 인지될 만큼 그 규모가 나날이 커지고 있다. 200만 원이 넘는 명품 가방이 남대문에서는 짝퉁으로 10만 원 대에 판매되고 있다. 주요 판매되고 있는 짝퉁 품목은 명품 가방, 의류, 화장품뿐만 아니라 최근에는 자동차 부품과 의약품 등으로까지 확장되고 있어 안전 문제가 제기되고 있는 상황이다.

　이렇듯 남대문 시장 내 짝퉁 판매는 관광객을 끌어들이는 요인 중 하나로 떠오를 만큼 커지고 있지만, 중금속 검출 등의 문제로 인해 소비자들에게 건강상의 위험을 끼칠 수 있다는 점도 문제로 지적되고 있다.

　최근 3~4년 사이 남대문 짝퉁 시장에서 가장 많이 판매되고 있는 브랜드는 마뗑킴과 마르디메크르디, 셀린느 등으로 기본 티셔츠를 중심으로 다양한 제품이 거래되고 있다.

　남대문 수입상가 인근 가판대에는 이미스, 슈프림, 스투시, 아미까지 수많은 브랜드의 짝퉁 제품이 버젓이 판매되고 있고 소량 판매는 물론 대량 구매까지 현장에서 이루어지고 있는 모습을 흔하게 목격할 수 있다. 외국인 관광객들이 재미 삼아 티셔츠를 한두 장씩 구매하기도 하지만 자국으로 돌아가 판매하기 위해 아예 수십 장 또는 그 이상의 대량 구매를 하는 경우가 적지 않아 보였다.

가판대를 운영하고 있는 유통 관계자는 "3년 전부터 특정 로고 티셔츠를 손님들이 많이 찾았다. 브랜드인지 전혀 몰랐고, 다들 많이 찾길래 인기 있는 상품으로만 생각해 판매하고 있다."라는 식이다.

특정 브랜드에 대한 짝퉁을 판매하고 있다는 경각심을 갖고 있다기보다 찾는 손님들이 많고 해당 위조상품들을 얼마든지 공급받아 판매할 수 있는 구조이니 판매하고 있다는 식이다.

특허청과 서울시가 상표침해 담당 특사경(특별사법경찰관) 조직을 통해 단속을 진행하고 있다고 하지만 동대문과 남대문을 포함해 여러 장소에서 다발적으로 판매되고 있고 다양한 방법으로 단속을 피해 판매되는 위조상품들을 모두 찾아내 단속하는 것 역시 현실적으로 쉽지 않아 보인다. 특사경 조직에서 상표침해를 담당하는 조직은 서울시 특사경과 특허청 특사경을 모두 합해도 그리 큰 규모가 아닌데다, 단속을 아무리 열심히 해도 교묘하게 다시 나타나는 위조상품 판매자들을 매번 단속하기에는 역부족으로 보인다.

위조상품의 판매가 어제 오늘 일도 아니고 단속을 한다 해도 일시적으로 제품을 숨겼다고 단속이 지나가고 나면 다시 판매되는 것이 현실이다. 일부 관광객들에게는 볼거리와 재미를 제공해줄 수 있다 하더라도 이렇게 짝퉁 제품이 버젓이 판매되는 것은 국가의 신뢰도와 이미지를 저하시키는 요인으로 작용할 수 있다. 특사경 조직의 확대뿐만 아니라 짝퉁 판매는 범죄라는 인식을 가질 수 있도록 캠페인과 교육 등을 통해 짝퉁을 사는 사람들과 짝퉁을 파는 사람들 모두의 인식 개선을 할 수 있도록 범정부적인 차원의 노력이 필요해 보인다.

듀프 제품의 유행

듀프란 'Dupe'에서 온 말로, 원래 영어권에서 '복제'를 의미하는 영어 Duplication을 줄여서 표현한 'Dupe'에서 유래된 말이다.

최근 월마트에서 에르메스(Hermes) 버킨백(Birkin bag)과 비슷한 디자인의 천연가죽 소재의 여성용 백을 출시하면서 화제가 되었고, 이를 많은 언론들이 보도하면서 '듀프(Dupe)' 제품이 사람들의 많은 주목을 받기도 하였다.

듀프는 디자인을 그대로 베껴 브랜드까지 도용하여 진품인 것처럼 판매하는 일명 '짝퉁' 제품과는 다르다. 듀프는 오리지널 제품만의 대표적인 특징을 적용하여 유사하게 만들기는 하지만 제품을 그대로 베끼기보다는 그 특징을 적용한 새로운 제품을 만든 것이고 브랜드 역시 오리지널 제품의 브랜드가 아니라 듀프 제품을 생산한 회사의 브랜드로 판매되며, 유통 과정 역시 마트나 정식 매장에서 판매된다는 점, 이를 구매하는 구매자 역시 오리지널 제품으로 착각하거나 그 짝퉁이 아니라 오리지널 제품의 특징이 일부 적용되었지만 그 외에도 저렴한 가격 등 그 제품만의 가치를 인정하여 제품을 구매한다는 점에서 듀프 제품과 짝퉁 제품은 차이점이 있다.

특히, 듀프 소비는 고가의 제품과 유사하지만 더 저렴한 가격으로 제공되는 대체품인 경우가 많다. 최근 듀프 소비가 전 세계적 트렌드로 자리 잡고 있으며, 특히 젊은 세대를 지칭하는 젠지(GenZ) 세대에서 그 현상이 두드러진 것으로 알려져 있다.

많은 분석들이 있지만 듀프는 코로나 이후의 경기침체와 연관되어 있다고 한다.

한때 욜로(YOLO)족 또는 요노(YONO)족에 대한 이야기를 많이 했다. 욜로(YOLO)는 'You Only Live Once'에서 따온 말이고, 요노(YONO)는 'You Only Need One'에서 따온 말이다.

욜로(YOLO)는 미래를 위해 현재 최대한 아껴 저축한다는 기성세대의 사고방식과 달리 지금 현재의 행복을 중요하게 여기며 현재 내가 원하는 것이 있다면 아낌없이 지출하는 젊은 세대의 생활 방식을 일컫는 말이다.

그에 반해 요노(YONO)는 불필요한 소비를 줄이자는 소비 트렌드를 일컫는 말로, 특히 무조건 모든 소비를 하지 않는다기보다는 가성비 등을 고려하여 최소한의 소비로 최대한의 만족감을 추구하는 소비를 추구

 온라인 짝퉁전쟁

한다는 특징을 갖고 있다.

　듀프 소비는 이러한 요노(YONO) 트렌드와 연관되어 있다. 특히 코로나 이후 세계적인 경기침체로 소비가 크게 위축되면서 값비싼 명품 대신 유사한 품질을 가지면서 가격은 크게 저렴한 제품을 찾아 소비하는 듀프 소비가 젊은 세대를 중심으로 크게 유행하고 있는 것이다.

　한국방송광고진흥공사의 2025년 새해 소비 트렌드 전망에 따르면 응답자의 80.7%가 '꼭 필요한 것만 사고, 불필요한 물건 구매는 최대한 자제하는 편'이라고 답했고, '보이는 소비보다 내가 만족하는 실용적인 소비를 선호한다'는 답변도 89.7%에 달했다는 것을 보더라도 취업난과 경기침체로 인해 소득이 줄어드는 젊은층들이 과시적인 소비보다는 실속 있는 지출에 집중하고 있으며, 이러한 흐름이 자연스럽게 듀프 소비의 증가로 이어지고 있다고 볼 수 있다.

　월마트의 일명 '월킨백' 사례 이외에도 값비싼 룰루레몬 제품 대신 비슷한 스타일의 값싼 제품이 인기를 끈다거나 고급 화장품 대신 다이소에서 아주 저렴하면서도 어느 정도의 제품성이 보장되는 화장품을 구매하는 것이 대표적인 듀프 제품 사례이다.

　더 나아가 전자제품 분야에서도 고가의 스마트와치나 마우스 대신 그와 유사한 기능을 제공하면서도 가격은 몇 분의 일로 저렴한 대체품을 찾아 소비하는 것도 듀프 소비의 한 형태로 볼 수 있다.

하지만 이런 듀프 제품은 짝퉁은 아니라고 하더라도 어찌 되었건 오리지널 제품의 핵심적인 제품 특징 특히 제품의 디자인이나 스타일을 그대로 적용하고 있기 때문에 오리지널 제품의 지식재산권을 침해할 가능성이 있다.

듀프 제품도 엄연히 해당 분야에서 소비자들의 신뢰를 받고 있는 기업에서 생산하는 경우가 많고 이들 기업들이 듀프 제품을 출시하면서 지식재산권에 대한 고려 없이 제품을 만들지는 않을 것이고 지식재산권에 대한 충분한 법률 검토를 거친 후에 만들었을 것으로 보인다.

하지만 그럼에도 불구하고 듀프 제품은 여전히 지식재산권 관점에서 보면 위험성을 내포하고 있는 것으로 보인다. 어찌 보면 듀프 제품은 짝퉁 제품이냐 아니냐의 경계선상에 있는 것으로 보인다.

그간 듀프 제품은 아니지만 이와 유사한 형태의 제품이 오리지널 제품의 지식재산권을 침해한 것으로 분쟁이 발생하거나 소송에서 침해로 인정받은 사례들이 없지 않다.

에르메스 버킨백에 눈알 모양을 붙인 일명 '눈알백'의 경우 에르메스와의 분쟁으로 대법원까지 간 사례이다.

명동에 매장을 두고 있는 P사가 에르메스의 켈리백 또는 버킨백과 유사한 모양의 핸드백에 큰 눈알 모양의 도안을 부착한 핸드백을 제작해 10만~20만 원에 판매하였고, 에르메스는 "켈리백과 버킨백 형태와 유사한 모양으로 제품을 만들어 판매한 것은 부정경쟁행위"라며 소송을 냈다.

1심에서는 "눈알 가방과 에르메스의 켈리백·버킨백을 외관상으로 혼동할 우려는 없다"고 하면서도 "켈리백과 버킨백이 가지고 있는 고유한 가방의 형태로부터 인식되는 상품의 명성이 소비자들에게 중요한 구매 동기가 된다"고 법원이 판단하여 에르메스가 승소하였다.

2심에서는 "국내 업체 제품의 창작성과 독창성 및 문화적 가치 등을 종합적으로 고려할 때 P사가 에르메스 제품 형태의 인지도에 무단으로 편승하려는 의도를 갖고 있었다고 단정하기 어려워 부정경쟁행위로 볼 수 없다"고 법원이 판단하면서 P사가 승소를 하였다.

그러나, 대법원 상고심에서는 P사가 이 사건 상품표지를 무단으로 사용하는 행위는 에르메스가 상당한 투자나 노력으로 만든 성과 등을 공정한 상거래 관행이나 경쟁질서에 반하는 방법으로 자신의 영업을 위하여 무단으로 사용함으로써 타인의 경제적 이익을 침해하는 행위라고 할 수 있다고 하여 최종적으로 에르메스가 승소하였다.

지난해 8월 미국 고급 가구 브랜드 '윌리엄스소노마'는 '듀프 닷컴' 서비스를 운영하는 캐롯카트(Carrot Cart Inc.)를 상대로 저작권 침해 및 부정경쟁행위를 근거로 소송을 제기한 바 있다.

듀프 닷컴은 유명 제품과 유사한 스타일의 저렴한 제품들을 큐레이션하여 해당 쇼핑몰로 연결될 수 있도록 해 주는 서비스이다.

이처럼 듀프 제품은 짝퉁 제품과는 달리 지식재산권을 침해하지 않는 범위 내에서 오리저널 제품의 느낌만을 살리면서 구매자들이 저렴한 비용으로 실속 있는 제품을 구매할 수 있도록 한다는 점에서 지식재산권 침해 소지가 상대적으로 적다. 하지만 여전히 오리지널 제품의 특징을 그대로 적용하여 제품을 생산하는 경우가 대부분이라는 점에서 오리지널 제품의 제작사가 지식재산권 침해를 이유로 권리행사를 한다면 상표권 침해는 아니겠지만 저작권 침해 또는 부정경쟁행위로 타인의 지식재산권을 침해한 제품이라고 판단될 가능성이 있다.

뿐만 아니라 듀프 제품은 결국 오리지널 제품의 브랜드 명성을 훼손시키거나 브랜드 가치를 떨어뜨릴 가능성이 있다.

듀프 제품 그리고 듀프 소비 트렌드가 지속된다면 법원의 추가적인 판결 등을 통해 지식재산권 침해에 대한 좀 더 명확한 가이드라인이 마련될 수 있을 것으로 보이며 그때까지는 지식재산권 침해 여부에 대한 어느 정도의 혼선은 계속 이어질 것으로 보인다.

III

브랜드와 상표의 이해

① 브랜드란 무엇인가?

가. 브랜드에 대한 다양한 정의

현대 마케팅에서 중요한 개념으로 간주되는 브랜드는 여러 학자와 전문가들에 의해 다양하게 정의되어 왔다. 다음은 브랜드에 대한 대표적인 정의들이다.

미국 마케팅협회는 '제품이나 서비스를 경쟁자의 그것과 구별하기 위해 붙인 이름, 심벌, 디자인 또는 그들의 조합'이라고 정의한다. 여기서는 브랜드의 기본적인 식별 기능을 강조한다.

Philip Kotler는 '다른 경쟁자들의 제품이나 서비스와 차별화하기 위해 사용하는 이름, 용어, 신호, 심벌, 디자인 혹은 이들의 다양한 결합'이라고 설명한다. 여기서는 브랜드가 경쟁 우위를 위해 사용되는 요소들의 조합임을 나타낸다.

David Ogilvy는 '복잡한 상징'으로 묘사하며, '한 제품의 속성, 이름, 가격, 역사, 평판, 그리고 광고 내용을 포함하는 무형의 집합체'라고 말한다. 이는 브랜드가 단순한 외형적 요소를 넘어 다양한 무형 자산을 포함한다는 점을 강조한다.

Bernd Schmitt는 '소비자가 마음속으로 갖고 있는 다른 기업, 상품, 서비스, 비즈니스 모델과 차이 나는 독특한 그 무엇'이라고 정의한다. 여기서는 브랜드가 소비자의 인식에서 비롯된 독특한 가치를 지닌다는 점을 강조한다.

Marty Neumeier는 '당신이 말하는 그 무엇이 아니라, 그들이 말하는 그 무엇'이라고 말한다. 이는 브랜드의 본질이 기업의 주장보다는 소비자의 인식과 해석에 달려 있음을 강조한다.

Brigitte Borja de Mozota는 '어떤 이름이나 상징 그 이상의 것'으로 보고, '진정한 브랜딩은 브랜드를 구성하는 경험이나 약속의 교류'라고 설명한다. 여기서는 브랜드가 단순한 표시 이상의 경험과 약속을 포함하는 개념임을 강조한다.

Ashley Friedlein은 '대중이 특정한 조직에 가진 인식의 총합'이라고 정의한다. 즉, 브랜드는 특정 조직에 대한 대중의 전반적인 인식으로 구성된다고 본다.

이처럼 다양한 정의들은 각각의 관점에서 브랜드의 본질과 역할을 설명하고 있다. 브랜드는 단순한 이름이나 심벌 이상의 의미를 지니며, 소비자의 인식과 경험을 통해 형성되는 복합적인 개념이다.

나. 브랜드의 어원과 의미

브랜드라는 용어는 '굽다'라는 의미를 가진 고대 노르웨이 단어에서 파생된 것으로, 앵글로색슨족이 불에 달군 인두로 자신의 가축에 낙인을 찍어 소유물을 확인하는 데서 유래되었다. 초기에는 상품이나 아이템을 제조하는 사람, 또는 공급자를 의미하는 말이었지만, 시간이 지나면서 소, 말, 양 또는 다른 소유물에도 사용하게 되었다. 기원전 로마시대에도 특정 제조자 또는 특정 제조 지역 등을 나타내기 위해 상품의 외관 또는 바닥 등에 표기한 사례가 다수 있다. 브랜드는 상업이 발전하면서 상품의 원료나 근원지를 표시하거나, 상품의 제작자를 다른 사람들과 구분하기 위해 사용되기도 했다. 중세 유럽의 길드에서는 모방품에 대한 보호 장치로 사용했다. 이처럼 표식은 현대의 브랜드 또는 상표와 유사한 역할을 했다고 역사학자들은 분석하고 있다.

오늘날 브랜드는 제품이나 서비스를 판매하거나 제조하는 모든 것에 적용된다. 제품이나 서비스뿐만 아니라 국가, 도시, 사람 등 브랜드의 적용 범위는 매우 넓다. 상표(Trademark)로서 브랜드는 판매자가 상품이나 서비스를 차별화하기 위해 사용하는 독특한 이름이나 상징물(로고, 등록상표, 포장 디자인 등)을 의미한다. 즉, 상표(Trademark)는 브랜드의 법률적 용어에 해당한다고 볼 수 있다.

브랜드는 품질과 가치, 편익, 적용 범위 등 제품과 관련된 특징 이상의 개념이다. 모든 브랜드는 제조업체가 생산하는 제품을 포함하지만, 소비자가 제품에 그 이상의 의미를 부여하지 않는다면 제품이 브랜드가 되지는 않는다. 다시 말해 제품은 공장에서 만들지만, 브랜드는 소비자가 특별한 의미를 부여해야 한다.

브랜드의 출발점은 기업이 제품을 디자인하여 생산하고 이름, 로고, 상징 등 외형적 표시를 추가하는 것이다. 브랜드는 제품의 외형적 표시뿐만 아니라 다양한 채널을 통해 소비자와 감각적이며 정서적인 교류를 한다. 이를 통해 하나의 라이프스타일로 자리 잡으면서 소비자의 생활 속에 깊게 관여한다. 이러한 일련의 과정이 브랜딩이다. 브랜드가 시장에 존재하는 이유는 다른 브랜드와 다르다는 점에 있다. 강력한 브랜드는 다른 어느 브랜드도 채워주지 못하는 차별적 가치를 소비자에게 제공한다.

브랜드의 중요성이 커지면서 기업은 전략적인 방식으로 브랜드 관리에 접근하게 되었다. 브랜드를 시장 성공의 중요한 요소로 인식한 지는 오래되지 않았다. 기업의 인수·합병이 활발해지면서 무형의 브랜드 가치를 자산 가치로 다루기 시작하였고, 단기적인 판촉 전략이 브랜드 가치를 하락시키고 고객을 잃게 함으로써 장기적으로 재정적 어려움을 초래하는 경험을 통해 기업은 브랜드 관리의 필요성을 인식했다. 현재 브랜드 관리는 기업의 정체성을 확립하고 장기적인 고객 충성도를 확보하는 데 필수적인 요소로, 기업의 철학과 가치를 소비자에게 전달하는 중요한 수단이 되었다.

브랜드 관리는 기업의 지속 가능성과 밀접하게 연결된다. 예를 들어 환경 친화적인 이미지, 사회적 책임을 다하는 기업이라는 인식을 통해 브랜드는 단순한 제품 이상으로 소비자와의 깊은 신뢰 관계를 구축할 수 있다. 이는 브랜드의 장기적인 성공을 위해 필수적인 요소로 자리 잡고 있다.

결론적으로, 브랜드는 단순한 이름이나 심벌 이상의 의미로, 소비자의 인식과 경험을 통해 형성되는 복합적인 개념이다. 기업은 브랜드 관리를 통해 제품의 가치를 높이고 차별화된 브랜드 경험을 제공함으로써 시장에서 경쟁력을 강화할 수 있다.

②

브랜드의 법적 보호

　브랜드에 대한 법적인 보호를 검토하기 위해서는 상표가 어떻게 법적으로 보호받을 수 있는지를 알아보아야 한다. 브랜드를 보호하는 법률은 별도로 존재하지 않고 브랜드에 대한 일종의 법률적 관점의 표현이라고 할 수 있는 상표를 어떻게 보호할 것인가를 법률로서 규정하고 있기 때문이다. 상표를 보호하는 대표적인 2가지 법령은 상표법과 부정경쟁방지법이다.

　상표법은 '상표를 보호함으로써 상표 사용자의 업무상 신용 유지를 도모하여 산업 발전에 이바지함과 아울러 수요자의 이익을 보호함'을 목적으로 하고, 부정경쟁방지법은 '국내에 널리 알려진 타인의 상표·상호 등을 부정하게 사용하는 등의 부정경쟁행위와 타인의 영업 비밀을 침해하는 행위를 방지하여 건전한 거래 질서를 유지함'을 목적으로 한다. 하지만, 두 가지 법 모두 상표의 사용에 의한 부정 경쟁을 방지하는 것을 목적으로 한다는 측면은 동일하다고 볼 수 있다.

상표법은 특허청에 상표 출원을 하여 등록된 경우 해당 상표에 대한 독점적이며 배타적인 권리를 부여하여 상표를 보호할 수 있도록 한다. 또한 이를 침해하는 경우에는 상표권을 근거로 침해를 금지할 수 있도록 하고 있다.

부정경쟁방지법은 상표등록이 되지 않은 미등록 상표라 할지라도 경쟁 질서에 반하는 방식으로 상표를 사용하는 행위에 대해 제재를 가할 수 있도록 하고 있다. 상표법의 보호 대상에서 빠진 표식에 대한 침해와 경쟁 질서를 교란하는 불공정한 행위를 금지하고, 이러한 행위에 의한 침해를 방지하고 구제하는 것을 내용으로 하는 특수한 형태의 불법행위법을 규정함으로써 공정한 경쟁 질서의 확립을 도모하고 있다.

가. 상표법에 의한 보호

사전적으로 브랜드는 상표와 같은 뜻이므로, 브랜드가 보호되는가는 상표가 보호되는가와 같은 질문이 된다. 그런데 상표는 보호가 가능하지만, 상표라고 해서 무조건 보호가 되는 것은 아니다.

'상표권'은 국어사전에서 '공업 소유권의 하나. 특허청에 등록한 상표를 지정 상품에 독점적으로 사용할 수 있는 권리'라고 정의되어 있으므로 상표권은 브랜드에 대해 부여되는 법적인 독점권이라고 할 수 있으며, 특허청을 통해 일정한 절차를 거쳐서 등록하면 상표법에 의해 독점권이 부여된다.

상표에 관한 법적 보호를 규율하는 것은 '상표법'인데, 상표법 제1조에는 다음과 같이 명시되어 있다.

'상표법 제1조(목적) 이 법은 상표를 보호함으로써 상표 사용자의 업무상 신용 유지를 도모하여 산업발전에 이바지하고 수요자의 이익을 보호함을 목적으로 한다.'

다시 말해 상표법의 목적은 상표를 보호하고 상표 사용자인 상표권자의 업무상 신용 유지를 도모함으로써 산업 발전에 이바지하고 수요자, 즉 소비자의 이익을 보호하는 것이다.

그런데 위에서 상표라고 해서 무조건 보호가 되는 것이 아니라고 하였는데, 그렇다면 어떤 상표들이 보호되는지 상표법을 통해 살펴보겠다.

상표법 제3조에서는 '국내에서 상표를 사용하는 자 또는 사용하려는 자는 자기의 상표를 등록받을 수 있다.'라고 규정하고 있으므로, 국내에서 상표를 사용하거나 앞으로 사용할 계획이 있다면 상표등록을 받을 수 있다.

그리고 상표법 제33조에서는 상표등록의 요건을 규정하면서 등록이 불가능한 사유를 기재하여, 이러한 사유에 해당하지 않는다면 상표등록을 받을 수 있다고 규정하고 있다.

제33조(상표등록의 요건)

① 다음 각 호의 어느 하나에 해당하는 상표를 제외하고는 상표등록을 받을 수 있다.

1. 그 상품의 보통명칭을 보통으로 사용하는 방법으로 표시한 표장만으로 된 상표
2. 그 상품에 대하여 관용(慣用)하는 상표
3. 그 상품의 산지(産地) ·품질·원재료·효능·용도·수량·형상·가격·생산방법·가공방법·사용방법 또는 시기를 보통으로 사용하는 방법으로 표시한 표장만으로 된 상표

4. 현저한 지리적 명칭이나 그 약어(略語) 또는 지도만으로 된 상표

5. 흔히 있는 성(姓) 또는 명칭을 보통으로 사용하는 방법으로 표시한 표장만으로 된
   상표

6. 간단하고 흔히 있는 표장만으로 된 상표

7. 제1호부터 제6호까지에 해당하는 상표 외에 수요자가 누구의 업무에 관련된 상
   품을 표시하는 것인가를 식별할 수 없는 상표

② 제1항제3호부터 제6호까지에 해당하는 상표라도 상표등록출원 전부터 그 상표를
   사용한 결과 수요자 간에 특정인의 상품에 관한 출처를 표시하는 것으로 식별할
   수 있게 된 경우에는 그 상표를 사용한 상품에 한정하여 상표등록을 받을 수 있다.

③ 제1항제3호(산지로 한정한다) 또는 제4호에 해당하는 표장이라도 그 표장이 특
   정 상품에 대한 지리적 표시인 경우에는 그 지리적 표시를 사용한 상품을 지정상
   품(제38조제1항에 따라 지정한 상품 및 제86조제1항에 따라 추가로 지정한 상품
   을 말한다. 이하 같다)으로 하여 지리적 표시 단체표장등록을 받을 수 있다.

또한, 상표법 제34조에서는 추가적으로 상표등록을 받을 수 없는 상
표를 규정하고 있다.

제34조(상표등록을 받을 수 없는 상표)
① 제33조에도 불구하고 다음 각 호의 어느 하나에 해당하는 상표에 대해서는 상표
   등록을 받을 수 없다.
1. 국가의 국기(國旗) 및 국제기구의 기장(記章) 등으로서 다음 각 목의 어느 하나에
   해당하는 상표
   가. 대한민국의 국기, 국장(國章), 군기(軍旗), 훈장, 포장(褒章), 기장, 대한민국이
      나 공공기관의 감독용 또는 증명용 인장(印章)·기호와 동일·유사한 상표

나. 「공업소유권의 보호를 위한 파리 협약」(이하 "파리협약"이라 한다) 동맹국, 세
계무역기구 회원국 또는 「상표법조약」 체약국(이하 이 항에서 "동맹국등"이라
한다)의 국기와 동일·유사한 상표

다. 국제적십자, 국제올림픽위원회 또는 저명(著名)한 국제기관의 명칭, 약칭, 표
장과 동일·유사한 상표. 다만, 그 기관이 자기의 명칭, 약칭 또는 표장을 상표
등록출원한 경우에는 상표등록을 받을 수 있다.

라. 파리협약 제6조의3에 따라 세계지식재산기구로부터 통지받아 특허청장이
지정한 동맹국등의 문장(紋章), 기(旗), 훈장, 포장 또는 기장이나 동맹국등이
가입한 정부 간 국제기구의 명칭, 약칭, 문장, 기, 훈장, 포장 또는 기장과 동
일·유사한 상표. 다만, 그 동맹국등이 가입한 정부 간 국제기구가 자기의 명
칭·약칭, 표장을 상표등록출원한 경우에는 상표등록을 받을 수 있다.

마. 파리협약 제6조의3에 따라 세계지식재산기구로부터 통지받아 특허청장이 지
정한 동맹국등이나 그 공공기관의 감독용 또는 증명용 인장·기호와 동일·유
사한 상표로서 그 인장 또는 기호가 사용되고 있는 상품과 동일·유사한 상품
에 대하여 사용하는 상표

2. 국가·인종·민족·공공단체·종교 또는 저명한 고인(故人)과의 관계를 거짓으로
표시하거나 이들을 비방 또는 모욕하거나 이들에 대한 평판을 나쁘게 할 우려가
있는 상표

3. 국가·공공단체 또는 이들의 기관과 공익법인의 비영리 업무나 공익사업을 표시
하는 표장으로서 저명한 것과 동일·유사한 상표. 다만, 그 국가 등이 자기의 표장
을 상표등록출원한 경우에는 상표등록을 받을 수 있다.

4. 상표 그 자체 또는 상표가 상품에 사용되는 경우 수요자에게 주는 의미와 내용 등
이 일반인의 통상적인 도덕관념인 선량한 풍속에 어긋나는 등 공공의 질서를 해
칠 우려가 있는 상표

5. 정부가 개최하거나 정부의 승인을 받아 개최하는 박람회 또는 외국정부가 개최
하거나 외국정부의 승인을 받아 개최하는 박람회의 상패·상장 또는 포장과 동
일·유사한 표장이 있는 상표. 다만, 그 박람회에서 수상한 자가 그 수상한 상품에
관하여 상표의 일부로서 그 표장을 사용하는 경우에는 상표등록을 받을 수 있다.

6. 저명한 타인의 성명 · 명칭 또는 상호 · 초상 · 서명 · 인장 · 아호(雅號) · 예명(藝
名) · 필명(筆名) 또는 이들의 약칭을 포함하는 상표. 다만, 그 타인의 승낙을 받은
경우에는 상표등록을 받을 수 있다.

7. 선출원(先出願)에 의한 타인의 등록상표(등록된 지리적 표시 단체표장은 제외한
다)와 동일 · 유사한 상표로서 그 지정상품과 동일 · 유사한 상품에 사용하는 상표

8. 선출원에 의한 타인의 등록된 지리적 표시 단체표장과 동일 · 유사한 상표로서 그
지정상품과 동일하다고 인식되어 있는 상품에 사용하는 상표

9. 타인의 상품을 표시하는 것이라고 수요자들에게 널리 인식되어 있는 상표(지리적
표시는 제외한다)와 동일 · 유사한 상표로서 그 타인의 상품과 동일 · 유사한 상품
에 사용하는 상표

10. 특정 지역의 상품을 표시하는 것이라고 수요자들에게 널리 인식되어 있는 타인
의 지리적 표시와 동일 · 유사한 상표로서 그 지리적 표시를 사용하는 상품과 동
일하다고 인정되어 있는 상품에 사용하는 상표

11. 수요자들에게 현저하게 인식되어 있는 타인의 상품이나 영업과 혼동을 일으키
게 하거나 그 식별력 또는 명성을 손상시킬 염려가 있는 상표

12. 상품의 품질을 오인하게 하거나 수요자를 기만할 염려가 있는 상표

13. 국내 또는 외국의 수요자들에게 특정인의 상품을 표시하는 것이라고 인식되어
있는 상표(지리적 표시는 제외한다)와 동일 · 유사한 상표로서 부당한 이익을 얻
으려 하거나 그 특정인에게 손해를 입히려고 하는 등 부정한 목적으로 사용하는
상표

14. 국내 또는 외국의 수요자들에게 특정 지역의 상품을 표시하는 것이라고 인식되
어 있는 지리적 표시와 동일 · 유사한 상표로서 부당한 이익을 얻으려 하거나 그
지리적 표시의 정당한 사용자에게 손해를 입히려고 하는 등 부정한 목적으로 사
용하는 상표

15. 상표등록을 받으려는 상품 또는 그 상품의 포장의 기능을 확보하는 데 꼭 필요
한(서비스의 경우에는 그 이용과 목적에 꼭 필요한 경우를 말한다) 입체적 형상,
색채, 색채의 조합, 소리 또는 냄새만으로 된 상표

16. 세계무역기구 회원국 내의 포도주 또는 증류주의 산지에 관한 지리적 표시로서
구성되거나 그 지리적 표시를 포함하는 상표로서 포도주 또는 증류주에 사용하려

는 상표. 다만, 지리적 표시의 정당한 사용자가 해당 상품을 지정상품으로 하여 제36조제5항에 따른 지리적 표시 단체표장등록출원을 한 경우에는 상표등록을 받을 수 있다.

17. 「식물신품종 보호법」 제109조에 따라 등록된 품종명칭과 동일·유사한 상표로서 그 품종명칭과 동일·유사한 상품에 대하여 사용하는 상표

18. 「농수산물 품질관리법」 제32조에 따라 등록된 타인의 지리적 표시와 동일·유사한 상표로서 그 지리적 표시를 사용하는 상품과 동일하다고 인정되는 상품에 사용하는 상표

19. 대한민국이 외국과 양자간(兩者間) 또는 다자간(多者間)으로 체결하여 발효된 자유무역협정에 따라 보호하는 타인의 지리적 표시와 동일·유사한 상표 또는 그 지리적 표시로 구성되거나 그 지리적 표시를 포함하는 상표로서 지리적 표시를 사용하는 상품과 동일하다고 인정되는 상품에 사용하는 상표

20. 동업·고용 등 계약관계나 업무상 거래관계 또는 그 밖의 관계를 통하여 타인이 사용하거나 사용을 준비 중인 상표임을 알면서 그 상표와 동일·유사한 상표를 동일·유사한 상품에 등록출원한 상표

21. 조약당사국에 등록된 상표와 동일·유사한 상표로서 그 등록된 상표에 관한 권리를 가진 자와의 동업·고용 등 계약관계나 업무상 거래관계 또는 그 밖의 관계에 있거나 있었던 자가 그 상표에 관한 권리를 가진 자의 동의를 받지 아니하고 그 상표의 지정상품과 동일·유사한 상품을 지정상품으로 하여 등록출원한 상표

위에서 살펴본 것처럼, 브랜드 또는 상표와 관련하여 많은 단어가 혼용되고 있으며, 브랜드는 상표법에 의해 일정 부분 보호된다. 상표법상 등록할 수 없는 상표들이 명시되어 있으므로, 여기에 해당되지 않는다면 특허청에 상표등록을 하여 독점적으로 사용할 수 있다.

부정경쟁방지 및 영업비밀보호에 관한 법률(이하 '부정경쟁방지법'이라 칭함) 제2조 1항에서는 부정경쟁행위를 아래와 같이 정의하고 있으며, 타인의 상표의 사용과 관련된 다양한 경우들을 부정 경쟁 행위로 규정하여 상표를 보호한다.

[부정경쟁방지법 제2조 1항]
"부정경쟁행위"란 다음 각 목의 어느 하나에 해당하는 행위를 말한다.

가. 국내에 널리 인식된 타인의 성명, 상호, 상표, 상품의 용기·포장, 그 밖에 타인의 상품임을 표시한 표지(標識)와 동일하거나 유사한 것을 사용하거나 이러한 것을 사용한 상품을 판매·반포(頒布) 또는 수입·수출하여 타인의 상품과 혼동하게 하는 행위

나. 국내에 널리 인식된 타인의 성명, 상호, 표장(標章), 그 밖에 타인의 영업임을 표시하는 표지(상품 판매·서비스 제공방법 또는 간판·외관·실내장식 등 영업제공 장소의 전체적인 외관을 포함한다)와 동일하거나 유사한 것을 사용하여 타인의 영업상의 시설 또는 활동과 혼동하게 하는 행위

다. 가목 또는 나목의 혼동하게 하는 행위 외에 비상업적 사용 등 대통령령으로 정하는 정당한 사유 없이 국내에 널리 인식된 타인의 성명, 상호, 상표, 상품의 용기·포장, 그 밖에 타인의 상품 또는 영업임을 표시한 표지(타인의 영업임을 표시하는 표지에 관하여는 상품 판매·서비스 제공방법 또는 간판·외관·실내장식 등 영업제공 장소의 전체적인 외관을 포함한다)와 동일하거나 유사한 것을 사용하거나 이러한 것을 사용한 상품을 판매·반포 또는 수입·수출하여 타인의 표지의 식별력이나 명성을 손상하는 행위

라. 상품이나 그 광고에 의하여 또는 공중이 알 수 있는 방법으로 거래상의 서류 또는 통신에 거짓의 원산지의 표지를 하거나 이러한 표지를 한 상품을 판매·반포

또는 수입·수출하여 원산지를 오인(誤認)하게 하는 행위

마. 상품이나 그 광고에 의하여 또는 공중이 알 수 있는 방법으로 거래상의 서류 또는 통신에 그 상품이 생산·제조 또는 가공된 지역 외의 곳에서 생산 또는 가공된 듯이 오인하게 하는 표지를 하거나 이러한 표지를 한 상품을 판매·반포 또는 수입·수출하는 행위

바. 타인의 상품을 사칭(詐稱)하거나 상품 또는 그 광고에 상품의 품질, 내용, 제조방법, 용도 또는 수량을 오인하게 하는 선전 또는 표지를 하거나 이러한 방법이나 표지로써 상품을 판매·반포 또는 수입·수출하는 행위

사. 다음의 어느 하나의 나라에 등록된 상표 또는 이와 유사한 상표에 관한 권리를 가진 자의 대리인이나 대표자 또는 그 행위일 전 1년 이내에 대리인이나 대표자이었던 자가 정당한 사유 없이 해당 상표를 그 상표의 지정상품과 동일하거나 유사한 상품에 사용하거나 그 상표를 사용한 상품을 판매·반포 또는 수입·수출하는 행위
   (1) 「공업소유권의 보호를 위한 파리협약」(이하 "파리협약"이라 한다) 당사국
   (2) 세계무역기구 회원국
   (3) 「상표법 조약」의 체약국(締約國)

아. 정당한 권원이 없는 자가 다음의 어느 하나의 목적으로 국내에 널리 인식된 타인의 성명, 상호, 상표, 그 밖의 표지와 동일하거나 유사한 도메인이름을 등록·보유·이전 또는 사용하는 행위
   (1) 상표 등 표지에 대하여 정당한 권원이 있는 자 또는 제3자에게 판매하거나 대여할 목적
   (2) 정당한 권원이 있는 자의 도메인이름의 등록 및 사용을 방해할 목적
   (3) 그 밖에 상업적 이익을 얻을 목적

자. 타인이 제작한 상품의 형태(형상·모양·색채·광택 또는 이들을 결합한 것을 말하며, 시제품 또는 상품소개서상의 형태를 포함한다. 이하 같다)를 모방한 상품을 양도·대여 또는 이를 위한 전시를 하거나 수입·수출하는 행위. 다만, 다음의 어느 하나에 해당하는 행위는 제외한다.
   (1) 상품의 시제품 제작 등 상품의 형태가 갖추어진 날부터 3년이 지난 상품의 형태를 모방한 상품을 양도·대여 또는 이를 위한 전시를 하거나 수입·수출하는 행위

(2) 타인이 제작한 상품과 동종의 상품(동종의 상품이 없는 경우에는 그 상품과
기능 및 효용이 동일하거나 유사한 상품을 말한다)이 통상적으로 가지는 형
태를 모방한 상품을 양도·대여 또는 이를 위한 전시를 하거나 수입·수출하
는 행위

차. 사업제안, 입찰, 공모 등 거래교섭 또는 거래과정에서 경제적 가치를 가지는 타
인의 기술적 또는 영업상의 아이디어가 포함된 정보를 그 제공목적에 위반하여
자신 또는 제3자의 영업상 이익을 위하여 부정하게 사용하거나 타인에게 제공하
여 사용하게 하는 행위. 다만, 아이디어를 제공받은 자가 제공받을 당시 이미 그
아이디어를 알고 있었거나 그 아이디어가 동종 업계에서 널리 알려진 경우에는
그러하지 아니하다.

카. 데이터(「데이터 산업진흥 및 이용촉진에 관한 기본법」 제2조제1호에 따른 데이
터 중 업(業)으로서 특정인 또는 특정 다수에게 제공되는 것으로, 전자적 방법으
로 상당량 축적·관리되고 있으며, 비밀로서 관리되고 있지 아니한 기술상 또는
영업상의 정보를 말한다. 이하 같다)를 부정하게 사용하는 행위로서 다음의 어느
하나에 해당하는 행위

1) 접근권한이 없는 자가 절취·기망·부정접속 또는 그 밖의 부정한 수단으로
데이터를 취득하거나 그 취득한 데이터를 사용·공개하는 행위

2) 데이터 보유자와의 계약관계 등에 따라 데이터에 접근권한이 있는 자가 부정
한 이익을 얻거나 데이터 보유자에게 손해를 입힐 목적으로 그 데이터를 사
용·공개하거나 제3자에게 제공하는 행위

3) 1) 또는 2)가 개입된 사실을 알고 데이터를 취득하거나 그 취득한 데이터를 사
용·공개하는 행위

4) 정당한 권한 없이 데이터의 보호를 위하여 적용한 기술적 보호조치를 회
피·제거 또는 변경(이하 "무력화"라 한다)하는 것을 주된 목적으로 하는 기
술·서비스·장치 또는 그 장치의 부품을 제공·수입·수출·제조·양도·대
여 또는 전송하거나 이를 양도·대여하기 위하여 전시하는 행위. 다만, 기술
적 보호조치의 연구·개발을 위하여 기술적 보호조치를 무력화하는 장치 또
는 그 부품을 제조하는 경우에는 그러하지 아니하다.

  온라인 짝퉁전쟁

타. 국내에 널리 인식되고 경제적 가치를 가지는 타인의 성명, 초상, 음성, 서명 등 그 타인을 식별할 수 있는 표지를 공정한 상거래 관행이나 경쟁질서에 반하는 방법으로 자신의 영업을 위하여 무단으로 사용함으로써 타인의 경제적 이익을 침해하는 행위

파. 그 밖에 타인의 상당한 투자나 노력으로 만들어진 성과 등을 공정한 상거래 관행이나 경쟁질서에 반하는 방법으로 자신의 영업을 위하여 무단으로 사용함으로써 타인의 경제적 이익을 침해하는 행위

상표 분쟁 사례들

가. 오리온 초코파이 vs. 롯데 초코파이

1) 배경

오리온과 롯데는 각각 '초코파이'라는 이름의 초코 파이 제품을 제조 및 판매하는 한국의 제과업체이다. 오리온은 1974년 '오리온 초코파이'를 처음 출시하였는데, 한국과 아시아 시장에서 매우 인기 있는 간식으로 자리 잡았다. 이후 롯데도 '롯데 초코파이'를 출시하며 경쟁 구도가 형성되었다.

2) 상표 분쟁의 시작

분쟁은 두 회사가 '초코파이'라는 명칭을 둘러싸고 상표권에 대한 권리를 주장하면서 시작되었다. 오리온은 먼저 '초코파이'를 출시하고 상표를 등록했기 때문에 이름에 대한 독점적인 권리가 있다고 주장했다.

반면 롯데는 '초코파이'가 일반명사화 된 표현이므로, 특정 회사의 상표로 보호받을 수 없다고 주장했다.

3) 주요 쟁점

가) 상표의 일반 명사화

롯데는 '초코파이'가 초코로 만든 파이 제품을 지칭하는 일반 명사로 자리 잡았기 때문에, 특정 회사가 독점적으로 사용할 수 없다고 주장했다. 이는 상표권이 특정 상품이나 서비스와 밀접하게 연관되어 있을 때 일반 명사화되는 경우 상표권 보호가 제한될 수 있다는 점을 강조한 것이다.

나) 상표권 침해

오리온은 롯데가 '초코파이'라는 명칭을 사용함으로써 자사의 등록 상표권을 침해했다고 주장했다. '초코파이'라는 이름이 자사의 제품과 혼동을 일으켜 소비자에게 잘못된 인식을 줄 수 있다는 내용이었다.

4) 법적 판결

법원은 양사의 주장을 검토한 후, '초코파이'가 특정한 제과 제품을 지칭하는 일반적인 표현으로 자리 잡았다고 판단했다. 이에 따라 '초코파이'라는 명칭은 특정 회사의 독점적인 상표로 보호받기 어렵다고 결론지었다. 따라서 롯데가 '초코파이'라는 이름을 사용하는 것이 상표권을 침해하지 않는다고 판결을 내렸다.

5) 결과 및 영향

이 판결로 인해 두 회사는 모두 '초코파이'라는 명칭을 사용할 수 있게 되었으며, 이는 한국의 상표법 및 상표권 보호 범위에 대한 중요한 판례로 남았다. 이는 또한 상표등록 시 일반 명사화되는 것을 방지하기 위해 지속적인 브랜드 관리와 소비자 교육이 필요하다는 점을 시사한다.

나. 새우깡은 새우 과자?

1) 배경

농심의 '새우깡'은 1971년에 출시된 한국의 대표적인 스낵 제품으로, 출시 이후 오랜 기간 동안 큰 인기를 끌며 국민 스낵으로 자리 잡았다. '새우깡'이라는 이름은 농심이 개발한 독특한 상표로, 새우를 원료로 한 과자라는 의미가 있다.

2) 분쟁의 시작

분쟁은 1999년 농심이 다른 제과업체를 상대로 '새우깡' 상표권을 침해했다고 소송을 제기하면서 시작되었다. 다른 제과업체는 '새우깡'과 유사한 이름의 제품을 출시하였고, 농심은 이를 자사의 상표권 침해로 간주했다. 농심은 '새우깡'이 자사 제품의 독특한 상표로 소비자들에게 널리 알려져 있으므로, 다른 업체가 유사한 이름을 사용하는 것은 혼동을 일으킬 수 있다고 주장했다.

3) 주요 쟁점

가) 상표의 식별력

농심은 '새우깡'이라는 이름이 자사 제품의 상표로써 충분한 식별력을 가지고 있다고 주장했다. 이는 '새우깡'이라는 상표가 단순히 새우를 원료로 한 과자를 의미하는 일반 명사가 아니라, 농심의 특정 제품을 식별할 수 있는 상표임을 강조한 것이다.

나) 상표의 저명성

농심은 '새우깡'이 오랜 기간 동안 널리 판매되었고 인지도가 높으므로, 저명한 상표로 보호받아야 한다고 주장했다. 이는 상표가 대중에게 널리 알려져 있고, 특정 제품과 강하게 연관되어 있다는 점을 강조한 것이다.

다) 상표권 침해 여부

다른 제과업체가 '새우깡'과 유사한 이름을 사용하는 것이 소비자에게 혼동을 일으킬 수 있는지 여부가 쟁점이었다. 농심은 유사한 이름 사용이 소비자에게 오인이나 혼동을 줄 수 있으며, 이는 상표권 침해에 해당한다고 주장했다.

4) 법적 판결

법원은 '새우깡'이라는 상표가 충분한 식별력과 저명성을 가지고 있다고 판단했다. 또한, 다른 제과업체가 '새우깡'과 유사한 이름을 사용하는 것이 소비자에게 혼동을 일으킬 수 있다고 보았다. 따라서 농심의 주장을 받아들여, 다른 제과업체가 유사한 이름을 사용하지 못한다는 판결을 내렸다.

5) 결과 및 영향

이 판결은 농심이 '새우깡' 상표에 대한 독점적인 권리를 인정받는 결과로 이어졌다. 또한, 상표의 식별력과 저명성, 상표권 침해 여부를 판단하는 데 중요한 기준을 제시했다. 이는 다른 기업들이 상표를 등록하고 관리하는 과정에서 상표의 독창성과 대중적 인지도를 강조할 필요성이 있음을 시사한다.

온라인마켓에서의
브랜드의 기능

사람들은 상품을 구매할 때 기능만을 보고 구매하지 않고 제품의 브랜드까지 살펴보면서 구매한다. 앞서 살펴본 바와 같이 브랜드는 상품을 구별하는 기능뿐만 아니라 상품의 품질을 보증하는 기능까지 포함하기 때문이다.

예를 들어 어떤 구매자가 새로운 TV를 구매하고자 한다. 그러면 먼저 화면의 크기나 해상도 또는 LCD나 OLED와 같은 디스플레이 방식을 살펴볼 것이다. 이러한 기능 관련 사항을 결정하고 나면, 그 다음으로는 어떤 회사의 제품을 구매할지 고민할 것이다. 동일한 기능을 제공하는 여러 제품이 존재하는 경우 구매자는 최종적으로 제품 구매를 결정할 때 자신이 경험해 봤던 제품을 다시 구매하거나 다른 사람의 사용기를 살펴보고 선택할 수도 있다.

그런데 만약 이러한 정보가 없다면 구매자는 브랜드를 비교하여 제품의 구매를 결정할 것이다. 특정 브랜드에 대한 신뢰도가 상대적으로 높거나 더 나아가 해당 브랜드에 대한 충성도가 있다면 다른 브랜드의 제품이 아니라 자신이 신뢰하거나 좋아하는 브랜드의 제품을 구매하게 될 것이다.

이처럼 브랜드는 구매자가 어떤 상품을 구매할지를 결정하는 데 매우 큰 영향을 미칠 수 있다.

위조상품 관련 법률

온라인상에서 유통되는 위조상품은 상표법, 부정경쟁방지법, 디자인보호법, 저작권 등 여러 가지 법률적 이슈와 연관되어 있다. 그중 대표적인 것이 상표법과 저작권법이며, 이외에 부정경쟁방지법, 디자인보호법, 더 나아가서는 특허법이나 실용신안법에 저촉되어 위조상품으로 판단되는 경우도 적지 않다.

한때 우리나라 어린이들에게 뽀통령이라고 불리며 큰 인기를 얻었던 애니메이션 캐릭터로 뽀로로를 예로 들어 보겠다.

만약 '뽀로로'라는 명칭을 상품 태그 또는 상품의 포장에 사용하는 경우 상표법 위반이 된다. 온라인상에서 판매하면서 상품 페이지의 상품 제목에 '뽀로로'라는 단어가 들어가도록 하여 상품을 판매하는 경우에도 상표법 위반이 된다. 상품명에 '뽀로로'라는 명칭이 포함되어 있는데 막상 내용을 보면 뽀로로와는 전혀 상관없는 제품이 판매되는 경우, 뽀로로와는 전혀 관계가 없는 제품이지만 상품명으로 뽀로로라는 단어를 사용하고 있기 때문에 상표권 침해가 된다.

이 경우는 상품을 노출시키기 위한 목적으로 어린이들이 좋아하는 뽀로로라는 단어를 사용한 것이다. 인지도가 떨어지는 상품이라서 소비자들이 온라인마켓에서 검색할 가능성이 매우 희박하므로, 유명 캐릭터의 이름을 상품명에 포함시켜서 노출 효과를 통해 상품 판매를 증대시키는 노림수가 있는 것이다. 하지만 이것 역시 상표권 침해가 되기 때문에 이런 상품들에 대해서도 상표법 위반으로 신고가 가능한다.

만약 뽀로로 캐릭터의 사업권자가 뽀로로 상표를 등록하지 않았거나 일부 상품군들에 대해서만 상표등록을 해 놓은 상태에서, 상표등록이 되지 않는 상품군에 대한 위조상품이 판매되는 경우에는 어떻게 해야 할까?

예를 들면 인형과 완구 제품에 대해서만 뽀로로의 상표등록을 했다고 가정해 보겠다. 그런데 로열티를 허가 받지 않은 사업자가 상표등록하지 않은 가방 제품에 뽀로로 캐릭터를 넣어서 판매하는데, 제품의 태그나 포장에는 뽀로로라는 단어를 사용하지 않고 오프라인 시장에서만 제품을 판매하는 경우는 어떨까?

이 경우에는 상표법으로 위조상품을 제재할 수 없기 때문에, 저작권법 위반으로 신고가 가능한다. 뽀로로 캐릭터는 상표권처럼 등록해야 권리발생요건이 충족되는 것이 아니라 창작과 함께 자동으로 발생하는 권리이기 때문에, 위의 경우에는 상표권이 없어서 상표법 위반으로 위조상품을 신고할 수는 없지만 저작권법 위반으로는 신고가 가능한 것이다.

온라인 짝퉁전쟁

쿠팡이나 네이버 스마트스토어와 같은 온라인마켓에서 판매되는 상품이 지식재산권을 침해하고 있는지 여부를 판단하기가 쉽지 않아서, 법원에서 소송을 통해 침해 여부에 대한 다툼이 끝나는 경우도 많다. 특히 부정경쟁방지법 위반이나 특허나 실용신안법 위반의 경우에는 육안으로 바로 판단하기 어려운 경우가 대부분이어서 더욱 그렇다.

하지만 상표법 위반의 경우 상대적으로 쉽게 확인할 수 있기 때문에 판단이 용이한 편이고, 쿠팡이나 네이버 그리고 해외의 타오바오, 1688, 라자다와 같은 오픈마켓 플랫폼에서도 상표법을 위반한 상품 페이지에 대해서는 자체적인 판단에 근거하여 차단 등의 조치를 취하기도 한다.

예를 들면 쿠팡은 2016년 1월 온라인상에서 신뢰관리센터를 개소하여 쿠팡에서 판매하는 상품들을 모니터링하고 법적인 문제나 이용 규칙 위반 문제가 발생하지 않도록 관리할 것이라고 안내하였고, 지식재산권 침해신고센터를 통해 상표권, 디자인권, 저작권, 특허권, 실용신안권 및 초상권, 퍼블리시티권 침해 그리고 부정경쟁행위에 대하여 신고할 수 있도록 하고 있다.

IV

짝퉁의 단속

상표권 침해로
위조상품 단속하기

온라인마켓에서 판매되고 있는 상품이 위조상품인지 여부를 판단하기 위해서는 상품페이지의 이미지, 상품명 그리고 상세페이지에 있는 내용을 확인해야 한다.

가. 온라인마켓 상품페이지의 구성

먼저 온라인마켓의 상품페이지 구성을 살펴보면, 보통 아래 그림과

같이 주요 정보들이 상단에 게시되고, 그 아래 부분에 상품에 대한 상세
내용(통상 '상세페이지'라 함)이 게시되는 형태로 구성된다.

미국 유명 대학의 명칭인 'YALE' 브랜드를 예시로 위 그림의 상품페이
지를 참고하여, 위조상품인지 여부를 판단하기 위해 확인해야 할 사항
들을 설명하겠다.

1) 상품 이미지

먼저, 상품페이지에 있는 상품의 이미지(번호 1)를 살펴보면, 본 상품
은 후드티로 앞면에 YALE UNIVERSITY라는 영문자가 위아래에 배치되
어 있고 중간에 예일대학교를 상징하는 로고가 배치되어 있다.

'YALE'은 미국의 유명 대학 이름으로 한국 특허청에 등록되어 있는 등
록상표이다. 특히 이 상표는 후드티 등의 의류를 지정 상품으로 하여 상
품류 구분상 제25류에 등록되어 있다. 따라서 1번의 상품이미지는 후드
티에 예일대학교의 등록상표인 'YALE'을 표시하고 있으므로, 명백히 예
일대학교의 한국등록상표를 침해하는 것이 된다.

2) 상품명

다음으로 상품페이지의 상품의 명칭(번호 2)을 살펴보면, 본 상품은
상품명에서 '예일 후드티'라는 단어를 포함하여 사용하고 있다. 그런데
위에서 살펴본 것처럼 'YALE'은 한국 특허청에 상표로 등록되어 있는
등록상표이고 후드티 등의 의류를 지정상품으로 하여 상품류 구분상 제
25류에 등록되어 있으므로, 상품의 명칭에 'YALE'이라는 단어를 사용하

는 것은 예일대학교의 상표권을 침해하는 것이 된다.

3) 상세페이지

온라인마켓의 상품페이지는 소비자에게 해당 상품을 설명하기 위해 상품의 이미지와 설명을 상세페이지에서 제공한다. 이를 통해 상품의 소재나 특징 등에 대해 설명하고, 특히 소비자들에게 어필할 수 있는 다양한 정보들을 제공하여 구매를 유도한다.

그런데 상세페이지에도 추가적인 상품 이미지가 들어가는데, 여기에 'YALE'이라는 단어가 표시된 상품에 대한 내용이 있다면 그것 역시 상표권 침해가 된다.

또한 이미지에는 'YALE'이라는 단어가 표시되어 있지 않다 하더라도, 상품을 설명하는 상세페이지의 설명에서 '예일 후드티셔츠'라든지 'YALE HOODIE'와 같은 단어가 포함되어 있다면 그 역시 위와 동일한 원리에 의해 상표권 침해가 된다.

나. 상표권만 있으면 위조상품 단속이 가능할까?

위조상품 신고는 쿠팡이나 네이버 등의 온라인마켓의 신고센터를 통해 이용할 수 있는데, 신고센터에서는 위조상품이라고 해서 무조건 판매를 차단하는 것이 아니라 이를 단속할 근거가 있는 경우, 예를 들면 상표권을 보유하고 있는 등 단속 근거가 명확할 경우에만 판매를 차단한다.

온라인 짝퉁전쟁

그렇다면 상표권을 갖고만 있다면 위조상품 단속이 가능할까? 특허청에서는 아래와 같이 상표권을 확보할 때 지정할 지정 상품과 서비스를 45개류(상품류 1류~34류, 서비스류 35류~45류)로 구분하고, 이중 어느 하나의 류를 지정하여 상표등록을 하도록 하고 있다.

[상품류 구분]

류구분	설명
제1류	공업/과학 및 사진용 및 농업/원예 및 임업용 화학제; 미가공 인조수지, 미가공 플라스틱; 소화 및 화재예방용 조성물; 조질제 및 땜납용 조제; 수피용 무두질제; 공업용 접착제; 퍼티 및 기타 페이스트 충전제; 퇴비, 거름, 비료; 산업용 및 과학용 생물학적 제제
제2류	페인트, 니스, 래커; 녹방지제 및 목재 보존제; 착색제, 염료; 인쇄, 표시 및 판화용 잉크; 미가공 천연수지; 도장용, 장식용, 인쇄용 및 미술용 금속박(箔) 및 금속분(紛)
제3류	비의료용 화장품 및 세면용품; 비의료용 치약; 향료, 에센셜 오일; 표백제 및 기타 세탁용 제제; 세정/광택 및 연마재
제4류	공업용 오일 및 그리스, 왁스; 윤활제; 먼지흡수제, 먼지습윤제 및 먼지흡착제; 연료 및 발광체; 조명용 양초 및 심지
제5류	약제, 의료용 및 수의과용 제제; 의료용 위생제; 의료용 또는 수의과용 식이요법 식품 및 제제, 유아용 식품; 인체용 또는 동물용 식이보충제; 플래스터, 외상치료용 재료; 치과용 충전재료, 치과용 왁스; 소독제; 해충구제제; 살균제, 제초제
제6류	일반금속 및 그 합금, 광석; 금속제 건축 및 구축용 재료; 금속제 이동식 건축물; 비전기용 일반금속제 케이블 및 와이어; 소형금속제품; 저장 또는 운반용 금속제 용기; 금고
제7류	기계, 공작기계, 전동공구; 모터 및 엔진(육상차량용은 제외); 기계 커플링 및 전동장치 부품(육상차량용은 제외); 농기구(수동식 수공구는 제외); 부란기(孵卵器); 자동판매기

제8류	수동식 수공구 및 수동기구; 커틀러리; 휴대무기(화기는 제외); 면도기
제9류	과학, 항해, 측량, 사진, 영화, 광학, 계량, 측정, 신호, 검사(감시), 구명 및 교육용 기기; 전기의 전도, 전환, 변형, 축적, 조절 또는 통제를 위한 기기; 음향 또는 영상의 기록, 전송 또는 재생용 장치; 자기데이터 매체, 녹음디스크; CD, DVD 및 기타 디지털 기록매체; 동전작동식 기계장치; 금전등록기, 계산기, 정보처리장치, 컴퓨터; 컴퓨터 소프트웨어; 소화기기
제10류	외과용, 내과용, 치과용 및 수의과용 기계기구; 의지(義肢), 의안(義眼) 및 의치(義齒); 정형외과용품; 봉합용 재료; 장애인용 치료 및 재활보조장치; 안마기; 유아수유용 기기 및 용품; 성활동용 기기 및 용품
제11류	조명용, 가열용, 증기발생용, 조리용, 냉각용, 건조용, 환기용, 급수용 및 위생용 장치
제12류	수송기계기구; 육상, 항공 또는 해상을 통해 이동하는 수송수단
제13류	화기(火器); 탄약 및 발사체; 폭약; 폭죽
제14류	귀금속 및 그 합금; 보석, 귀석 및 반귀석; 시계용구
제15류	악기
제16류	종이 및 판지; 인쇄물; 제본재료; 사진; 문방구 및 사무용품(가구는 제외); 문방구용 또는 가정용 접착제; 제도용구 및 미술용 재료; 회화용 솔; 교재; 포장용 플라스틱제 시트, 필름 및 가방; 인쇄활자, 프린팅블록
제17류	미가공 및 반가공 고무, 구타페르카, 고무액(gum), 석면, 운모(雲母) 및 이들의 제품; 제조용 압출성형형태의 플라스틱 및 수지; 충전용, 마개용 및 절연용 재료; 비금속제 신축관, 튜브 및 호스
제18류	가죽 및 모조가죽; 수피; 수하물가방 및 운반용 가방; 우산 및 파라솔; 걷기용 지팡이; 채찍 및 마구; 동물용 목걸이, 가죽끈 및 의류
제19류	비금속제 건축재료; 건축용 비금속제 경질관(硬質管); 아스팔트, 피치 및 역청; 비금속제 이동식 건축물; 비금속제 기념물
제20류	가구, 거울, 액자; 보관 또는 운송용 비금속제 컨테이너; 미가공 또는 반가공 뼈, 뿔, 고래수염 또는 나전(螺鈿); 패각; 해포석(海泡石); 호박(琥珀)(원석)
제21류	가정용 또는 주방용 기구 및 용기; 조리기구 및 식기(포크, 나이프 및 스푼은 제외); 빗 및 스펀지; 솔(페인트 솔은 제외); 솔 제조용 재료; 청소용구; 비건축용 미가공 또는 반가공 유리; 유리제품, 도자기제품 및 토기제품

온라인 짝퉁전쟁

제22류	로프 및 노끈; 망(網); 텐트 및 타폴린; 직물제 또는 합성재료제 차양; 돛; 하역물운반용 및 보관용 포대; 충전재료(종이/판지/고무 또는 플라스틱제는 제외); 직물용 미가공 섬유 및 그 대용품
제23류	직물용 실(絲)
제24류	직물 및 직물대용품; 가정용 린넨; 직물 또는 플라스틱제 커튼
제25류	의류, 신발, 모자
제26류	레이스 및 자수포, 리본 및 장식용 끈; 단추, 갈고리 단추(hooks and eyes), 핀 및 바늘; 조화(造花); 머리장식품; 가발
제27류	카펫, 융단, 매트, 리놀륨 및 기타 바닥깔개용 재료; 비직물제 벽걸이
제28류	오락용구, 장난감; 비디오게임장치; 체조 및 스포츠용품; 크리스마스트리용 장식품
제29류	식육, 생선, 가금 및 엽조수; 고기진액; 가공처리, 냉동, 건조 및 조리된 과일 및 채소; 젤리, 잼, 콤폿; 달걀; 우유 및 유제품; 식용 유지
제30류	커피, 차(茶), 코코아 및 대용커피; 쌀; 타피오카 및 사고(sago); 곡분 및 곡물조제품; 빵, 페이스트리 및 과자; 식용 얼음; 설탕, 꿀, 당밀; 식품용 이스트, 베이킹파우더; 소금; 겨자(향신료); 식초, 소스(조미료); 향신료; 얼음
제31류	미가공 농업, 수산양식, 원예 및 임업 생산물; 미가공 곡물 및 종자; 신선한 과실 및 채소, 신선한 허브; 살아있는 식물 및 꽃; 구근(球根), 모종 및 재배용 곡물종자; 살아있는 동물; 동물용 사료 및 음료; 맥아
제32류	맥주; 광천수, 탄산수 및 기타 무주정(無酒精)음료; 과실음료 및 과실주스; 시럽 및 음료수 제제
제33류	알코올 음료(맥주는 제외)
제34류	담배; 흡연용구; 성냥

류구분	설명
제35류	광고업; 사업관리업; 기업경영업; 사무처리업
제36류	보험업; 재무업; 금융업; 부동산업
제37류	건축물 건설업; 수선업; 설치서비스업
제38류	통신업
제39류	운송업; 상품의 포장 및 보관업; 여행알선업
제40류	재료처리업
제41류	교육업; 훈련제공업; 연예오락업; 스포츠 및 문화활동업
제42류	과학적, 기술적 서비스업 및 관련 연구, 디자인업; 산업분석 및 연구 서비스업; 컴퓨터 하드웨어 및 소프트웨어의 디자인 및 개발업
제43류	식음료제공서비스업; 임시숙박업
제44류	의료업; 수의업; 인간 또는 동물을 위한 위생 및 미용업; 농업, 원예 및 임업 서비스업
제45류	법무서비스업; 유형의 재산 및 개인을 물리적으로 보호하기 위한 보안서비스업; 개인의 수요를 충족시키기 위해 타인에 의해 제공되는 사적인 또는 사회적인 서비스업

상표권을 확보하고 있다고 해서 위에서 나열한 모든 상품류에 대하여 상표권 행사가 가능한 건 아니며, 상표권자가 상표권을 확보한 상품류 또는 서비스류에 대해서만 상표권 행사가 가능하다. 만약 어느 상표권자가 제25류 의류를 지정상품으로 하여 상표권을 확보하였다면 의류 제품에 대해서는 도용한 자에게 상표권을 행사하여 사용을 금지시킬 수 있지만, 의류가 아닌 제27류의 카펫이나 침구류 등에 상표가 도용되었다면 상표권 행사를 통한 사용금지 요구를 할 수 없다.

저작권 침해로
위조상품 단속하기

가. 사진 도용의 문제

온라인마켓에서 상품을 판매하는 판매자는 가능한 자신의 상품이 많이 팔리도록 위해 많은 노력을 기울이게 된다. 온라인마켓에서 상품을 구매하는 구매자들은 온라인상에서 제공되는 정보를 기반으로 상품을 구매하며, 온라인마켓의 상품페이지에서 제공되는 제품정보, 가격정보 및 제품사진정보 등의 정보를 기반으로 상품을 구매하게 된다.

그런데, 제품정보와 가격정보와 달리 제품사진정보는 제품의 사진을 어떻게 촬영하느냐에 따라 판매에 큰 영향을 미치는 항목이라 볼 수 있고, 동일한 제품이라 할지라도 사진을 어떻게 촬영하여 온라인 상품페이지에 제공하느냐에 따라 판매량이 달라질 정도로 판매에 큰 영향을 미칠 수 있는 정보이다.

그러다 보니 온라인마켓 판매자들은 가능한 구매욕구를 자극할 수 있는 고품질의 사진을 자신의 상품페이지에 올리려고 하고, 심지어는 다른 사람이 올려놓은 사진을 그대로 도용하여 자신의 상품페이지에 올리는 경우도 자주 발생한다.

다른 사람의 사진을 허락 없이 자신의 상품페이지에 사용하는 경우 저작권 침해가 될 수 있기 때문에 주의를 요하지만 법률적인 지식이 없어 무심코 다른 사람의 사진을 사용하는 경우뿐만 아니라 의도적으로 자신의 상품 판매량을 늘리기 위해 다른 사람의 사진을 올리는 경우도 많다. 위조상품을 판매하는 판매자들이 위조상품을 판매하면서 위조상품의 사진을 직접 찍어서 상품페이지에 올리기보다는 정품판매자의 사진을 그대로 도용하여 올리는 경우가 대표적이다.

나. 사진저작물 인정 관련

정품판매자의 사진을 무단으로 도용하여 사용할 경우 저작권 침해에 해당하는지에 대해 우리 대법원의 판례를 통해 살펴보고자 한다.

일명 '남부햄' 사건에서, 원고는 사진작가로 피고 회사의 의뢰로 피고 회사의 햄 제품 사진을 촬영하였고, 이를 피고 회사의 자체 광고용만으로 이용허락을 하였음에도 불구 하고, 피고 회사가 백화점들의 상품 가이드북에도 이용한 것에 대하여 저작권 침해를 주장하였다.

이에 법원은 저작권법에 의하여 보호되는 저작물은 문학·학술 또는 예술의 범위에 속하는 창작물이어야 하므로 그 요건으로서 창작성이 요구되는바, 사진저작물은 피사체의 선정, 구도의 설정, 빛의 방향과 양의 조절, 카메라 각도의 설정, 셔터의 속도, 셔터찬스의 포착, 기타 촬영방법, 현상 및 인화 등의 과정에서 촬영자의 개성과 창조성이 인정되어야 저작권법에 의하여 보호되는 저작물에 해당된다고 전제하였다.

그런데 피고 회사가 제작, 판매하는 햄 제품 자체를 촬영하는 사진(이하 '제품사진'이라 한다)과, 햄 제품을 다른 장식물이나 과일, 술병 등과 조화롭게 배치하여 촬영함으로써 제품의 이미지를 부각시켜 광고의 효과를 극대화하기 위한 사진(이하 '이미지사진'이라 한다)으로 나누어 볼 수 있고, 이른바 '제품사진'은 비록 광고사진작가인 원고의 기술에 의하여 촬영되었다고 하더라도, 목적은 피사체인 햄 제품 자체만을 충실하게 표현하여 광고라는 실용적인 목적을 달성하기 위한 것이고, 다만 이때 그와 같은 목적에 부응하기 위하여 그 분야의 고도의 기술을 가지고 있는 원고의 사진 기술을 이용한 것에 불과하며, 거기에 저작권법에 의하여 보호할

만한 원고의 어떤 창작적 노력 내지 개성을 인정하기 어렵다고 보았다.

법원은 더 나아가 제품사진에 있어 중요한 것은 얼마나 그 피사체를 충실하게 표현하였나 하는 사진 기술적인 문제이고, 그 표현하는 방법이나 표현에 있어서의 창작성이 아니라는 것을 말해 주고 있다고 할 것이니, 비록 거기에 원고의 창작이 전혀 개재되어 있지 않다고 할 수 없을지는 몰라도 그와 같은 창작의 정도가 저작권법에 의하여 보호할 만한 것으로는 보기 어렵다고 하였다.

하지만 단순히 햄을 촬영한 사진인 제품사진이 아닌 경우, 예를 들어 아래와 같이 햄뿐만 아니라 햄이 담겨지는 그릇, 채소나 소스 등이 함께 배치되어 촬영된 제품 이미지사진의 경우에는 법원도 달리 판단하여 저작권 침해를 인정하였다.

온라인 짝퉁전쟁

아래와 같이 다른 판례에서도 법원은 식당 사진이나 호텔 내부 전경 등을 찍은 사진에 대하여 '누가 촬영하여도 같거나 비슷한 결과가 나올 수밖에 없는 경우에 해당하는지' 여부에 따라 '촬영자의 개성과 창조성'의 인정 여부를 판단하고 있다.

"피해자의 광고사진 중 일식 음식점의 내부 공간을 촬영한 사진은 단순히 깨끗하게 정리된 음식점의 내부만을 충실히 촬영한 것으로서 누가 찍어도 비슷한 결과가 나올 수밖에 없는 사진으로 봄이 상당하므로 그 사진에는 촬영자의 개성과 창조성이 있는 사진저작물에 해당한다고 보기 어렵다."

"피해자의 광고사진 중 'OOO텔' 내부 전경 사진에 관하여 원심이 적법하게 채택한 증거에 비추어 살펴보건대, 'OOO텔' 내부 전경 사진은 목욕을 즐기면서 해운대의 바깥 풍경을 바라볼 수 있다는 'OOO텔' 업소만의 장점을 부각하기 위하여 피해자 소속 촬영담당자가 유리창을 통하여 저녁 해와 바다가 동시에 보이는 시간대와 각도를 선택하여 촬영하고 그 옆에 편한 자세로 찜질방에 눕거나 앉아 있는 손님의 모습을 촬영한 사진을 배치함으로써 해운대 바닷가를 조망하면서 휴식을 취할 수 있는 최상의 공간이라는 이미지를 창출시키기 위한 촬영자의 창작적인 고려가 나타나 있다고 볼 수 있고, 또한 'OOO텔'의 내부공간은 어떤 부분을 어떤 각도에서 촬영하는가에 따라 전혀 다른 느낌의 분위기를 나타낼 수 있으므로 누가 촬영하여도 같거나 비슷한 결과가 나올 수밖에 없는 경우에 해당한다고도 보기 어렵다. 그렇다면 'OOO텔' 사진은 그 촬영의 목적 자체가 피사체의 충실한 재현에 있다거나 촬영자의 고려

역시 피사체의 충실한 재현을 위한 기술적인 측면에서만 행하여졌다고 할 수 없고, 광고 대상의 이미지를 부각시켜 광고의 효과를 극대화하고자 하는 촬영자의 개성과 창조성이 있다고 볼 수 있다.”

다. 상품 상세페이지 도용의 문제

그럼 온라인마켓의 상품 상세페이지에서 정품의 사진이나 문구 등을 그대로 사용하는 경우 어떤 문제가 발생할 수 있는지에 대하여 살펴본다.

상품페이지는 일종의 편집저작물에 해당한다고 볼 수 있으며, 저작권법에 의해 보호가 가능하다. 이와 관련하여 온라인마켓에서 다른 판매자의 상품페이지를 베껴서 상품을 판매한 사례에 대한 법원의 관련 판결들을 소개한다.

저작권법 제2조 제17호는 편집물을 “저작물이나 부호·문자·음·영상 그 밖의 형태의 자료(이하 “소재”라 한다)의 집합물을 말하며, 데이터베이스를 포함한다.”라고 정의하고, 제18호는 편집저작물을 “편집물로서 그 소재의 선택·배열 또는 구성에 창작성이 있는 것을 말한다.”라고 정의한 다음, 제6조 제1항은 “편집저작물은 독자적인 저작물로서 보호된다.”라고 규정한다. 편집물이 저작물로서 보호를 받으려면 일정한 방침 내지 목적을 가지고 소재를 수집·분류·선택하고 배열하여 편집물을 작성하는 행위에 창작성이 있어야 하는바, 그 창작성은 작품이 저자 자신의 작품으로서 남의 것을 복제한 것이 아니라는 것과 최소한도의

온라인 짝퉁전쟁

창작성이 있는 것을 의미하므로 반드시 작품의 수준이 높아야 하는 것은 아니지만 저작권법에 의한 보호를 받을 가치가 있는 정도의 최소한의 창작성은 있어야 한다. (대법원 2003. 11. 28. 선고 2001다9359 판결, 대법원 2009. 6. 25. 선고 2008도11985 판결 등 참조)

인터넷홈페이지도 그 구성형식, 소재의 선택이나 배열에 있어 창작성이 있는 경우에는 이른바 편집저작물에 해당하여 독자적인 저작물로 보호받을 수 있다고 할 것이므로 피침해사이트로부터 복제하여 침해사이트에 게시하거나 침해사이트의 회원들에게 전자메일을 이용하여 전송한 피침해사이트의 상품정보 등은 온라인디지털콘텐츠산업발전법 소정의 '온라인디지털콘텐츠'에 해당한다고 할 것이고, 그 상품정보 등의 구성형식이나 배열, 서비스 메뉴의 구성 등은 편집저작물로 볼 수도 있다. (서울지방법원 2003. 8. 19.자 2003카합1713 결정 참조)

법원은 "원고가 디자인한 반지와 동일한 디자인의 반지를 무단으로 복제하여 판매하고 그 디자인을 피고의 홈페이지나 SNS 등의 웹사이트에 게시하고 있으며, 원고의 편집저작물인 상세설명페이지를 실질적으로 동일 유사하게 도용하여 자신의 홈페이지 등에 게시하고 있는바, 이로써 피고는 원고의 복제권(저작권법 제16조) 및 공중송신게시권(저작권법 제18조)을 침해하였다"라고 판단하였다. (서울중앙지방법원 2021. 7. 21. 2019가합559694 결정 참조)

이상과 같이, 상세페이지는 제조한 제품을 소개하고 그 구체적인 사양과 기능, 디자인, 안정성 등을 설명하기 위하여 사진을 선택하여 배열하고 그에 대한 설명과 함께 감각적인 광고 문구 등을 배치하는 방법으로 제작되므로, 제품을 설명하는 상세페이지의 구성형식, 배열방식 등에 대해 창작성을 인정받을 수 있다면 상세페이지는 편집저작물에 해당하고, 타인의 편집저작물을 베끼는 행위에 대해서 저작권침해행위 또는 부정경쟁방지법상의 부정경쟁행위로 보아 제재가 가능하다.

온라인마켓에서 위조상품 단속을 하다 보면 상표권 침해를 단속하는 경우도 많지만 오히려 사진저작물에 대한 저작권 침해를 사유로 하여 판매차단 신고를 하는 경우가 더 많기도 하다. 하지만 위에서 살펴본 바와 같이 사진저작물이 저작권법에 의하여 보호되는 저작물이 되기 위해서는 일정한 조건을 만족해야 하므로 게시물의 사진이 과연 창작자의 개성과 창조성이 인정될 수 있고, 상품을 구체적으로 설명하는 상세페이지의 경우에도 구성형식이나 배열 등의 특징이 있어야 보호가 가능하다. 이처럼 온라인마켓 상품페이지에 게시된 사진이나 설명 등은 저작권에 의해 보호가 가능하며 위조상품 판매차단 신고 절차 등에서 상표를 도용하고 있지 않는 상품들에 대해서는 이와 같은 저작권 침해를 사유로 판매차단을 할 수 있으니 적극적으로 활용할 필요가 있다.

　　　　　　　　　　　　　　　　　　　　　　　　온라인 짝퉁전쟁

저작권의 국제적 보호

상표권뿐만 아니라 저작권 침해를 근거로 위조상품 단속이 가능하다. 특히 저작권을 등록하지 않아도 창작하는 순간 발생하는 권리이고, 입증의 용이성을 위해 등록을 할 경우 한국에만 저작권 등록을 하더라도 이 등록증으로 한국뿐만 아니라 다른 국가에서도 이를 이용해서 저작권 침해품에 대한 단속이 가능하다.

하지만 상표권의 경우 속지주의 특성을 갖고 있어 각 국가별로 출원해서 등록을 해야 하고 만약 한국에는 상표등록을 했는데 중국에 상표등록을 하지 않았다면 중국에서는 상표권 행사가 불가능하다.

이런 점에서 국가별로 따로 등록하지 않아도 국제적으로 보호가 가능한 저작권이 위조상품 단속 시 강력한 권리로서 활용이 가능하다는 장점을 갖고 있다. 이처럼 저작권이 국제적 보호가 가능하도록 하는 국제조약이 베른협약이다.

가. 베른협약의 역사

　베른협약은 저작권의 국제적 보호와 관련하여 가장 중요한 국제조약이다. 1882년 5월 로마에서 회의를 가진 각국의 저술가, 학자, 작곡가, 출판업자, 악보상 등은 빅토르 휴고(Victor Hugo)를 회장으로 한 국제문예협회에서 독일 서적업자조합의 발의에 따라 문학적, 미술적 저작물의 보호를 위한 국제적인 조직을 설립할 것을 결의하였다. 이에 1883년 베른에서 회의를 개최하게 되었고, 스위스가 주최국이 되어 1983년 9월 10일부터 13일까지 4일간 예비회담을 거쳐 다국간 조약안을 채택하였다. 스위스 연방평의회는 이 협정안을 같은 해 12월 3일 각국에 송부하였고, 조약안 채택을 위한 외교회의를 1884년에 개최하기로 하였다. 이에 따라 1884년 9월 8일 베른에서 제1차 국제회의가 소집되었고, 1885년 9월 7일 제2차 국제회의, 1886년 9월 6일 제3차 국제회의가 개최됨으로써 스위스, 영국, 독일, 프랑스, 벨기에, 이탈리아, 스페인, 리베리아 등 10개국에 의하여 조약이 체결되기에 이르렀다. (오승종 저, '저작권법' 제4판 전면개정판 참조)

　베른협약은 여러 차례 개정을 거쳐 현재의 모습에 이르게 되었는데, 1908년 베를린 개정규정에서 저작물의 보호와 관련하여 '무방식주의'를 채택하였고, 저작물이 그 저작물의 본국에서 어떠한 보호를 받고 있는지 여부에 관계없이 내국민대우에 의하여 보호를 받을 수 있음을 규정하였다.

영국, 독일, 프랑스 등 유럽 내 주요 국가들이 초창기부터 베른협약에 가입한 반면 미국은 1989년에서야 베른협약에 가입하였고, 우리나라는 1996년에 가입하였다. 현재 전세계적으로 181개국이 베른협약에 가입되어 있다.

나. 베른협약의 주요 내용

1) 보호대상 저작물

베른협약 제1조에서는 "이 협약이 적용되는 국가들은 문학·예술 저작물에 대한 저작자의 권리의 보호를 위한 동맹을 구성한다."라고 규정하고 있고, 제2조 제1항에서는 "'문학·예술 저작물'이란 표현은 그 표현의 형태나 방식이 어떠하든 간에 서적, 소책자 및 기타 문서, 강의·강연·설교 및 기타 같은 성격의 저작물, 연극 또는 악극 저작물, 무용저작물과 무언극, 가사가 있거나 또는 없는 작곡, 영화와 유사한 과정에 의하여 표현된 저작물을 포함하는 영상저작물, 소묘·회화·건축·조각·판화 및 석판화, 사진과 유사한 과정에 의하여 표현된 저작물을 포함하는 사진저작물, 응용미술저작물, 도해·지도·설계도·스케치 및 지리학·지형학·건축학 또는 과학에 관한 3차원 저작물과 같은 문학·학술 및 예술의 범위에 속하는 모든 제작물을 포함한다."라고 규정하고 있어, 보호되는 저작물의 범위를 매우 넓게 인정하고 있다. 그리고 제2조 제2항에서는 "(2) 다만, 일반적인 저작물이나 특정한 범주의 저작물이 유형적인 형태로 고정되어 있지 아니하는 한 보호되지 아니한다고

규정하는 것은 동맹국의 입법에 맡긴다."라고 규정하여 저작물이 유형
적인 형태를 갖추어야 하는지에 대해서는 체약국의 국내법에 유보하고
있다.

2) 내국민대우 원칙

베른협약 제5조 제1항에서는 "저작자는 이 협약에 따라 보호되는 저
작물에 관하여, 본국 이외의 동맹국에서 각 법률이 현재 또는 장래에 자
국민에게 부여하는 권리 및 이 협약이 특별히 부여하는 권리를 향유한
다."라고 규정하여 내국민대우의 원칙을 따른다는 것을 명시하고 있다.

내국민대우(national treatment)란 어느 조약에 관하여 체약국이 다른
체약국의 구민에 대하여 자국민에게 부여하는 대우와 동등하거나 또는
그 이상의 대우를 부여하는 것을 말한다.

3) 무방식주의 원칙

베른협약은 제5조 제2항에서 "그러한 권리의 향유와 행사는 어떠한
방식에 따를 것을 조건으로 하지 아니한다."라고 규정하고 있어 무방식
주의의 원칙을 따르고 있음을 명시하고 있다.

무방식주의는 저작권의 취득 및 발생에 관하여 어떠한 방식의 이행이
나 절차를 요구하지 않는 것을 의미하며, 무방식주의는 극히 일부의 국
가를 제외하고 대부분의 국가들이 채택하고 있는 원칙이다. 우리나라
도 저작권법 제10조 제2항에서 "저작권은 저작물을 창작한 때부터 발생
하며, 어떠한 절차나 형식의 이행을 필요로 하지 아니한다."라고 규정하

여 무방식주의를 채택하고 있다.

4) 권리독립의 원칙

베른협약은 제5조 제2항에서 "그러한 권리의 향유와 행사는 어떠한 방식에 따를 것을 조건으로 하지 아니한다. 그러한 향유와 행사는 저작물의 본국에서 보호가 존재하는 여부와 관계가 없다. 따라서 이 협약의 규정과는 별도로, 보호의 범위와 저작자의 권리를 보호하기 위하여 주어지는 구제의 방법은 오로지 보호가 주장되는 국가의 법률의 지배를 받는다."라고 규정하여 저작권의 향유와 행사 즉, 저작권의 보호를 위한 구제 방법에 대해서는 저작권을 보호받고자 하는 해당 국가의 법률에 따르도록 하고 있다.

5) 보호기간

베른협약 제7조 제1항에서는 "이 협약이 부여하는 보호기간은 저작자의 생존기간과 그의 사망 후 50년이다."라고 규정하고 있고, 제4항에서는 "예술저작물로서 보호되는 사진저작물과 응용미술저작물의 보호기간은 동맹국의 입법에 맡겨 결정한다. 다만, 이 기간은 그러한 저작물이 만들어진 때로부터 적어도 25년의 기간 만료 시까지 계속된다."라고 규정하고 있다. 그리고 제6조에서는 "동맹국은 전 항들에서 정한 기간을 초과하여 보호기간을 부여할 수 있다."라고 규정하고 있어 기본적으로는 저작권의 보호기간을 저작자의 생존기간과 그의 사후 50년으로 하고, 사진 및 응용미술 저작물은 체약국에서 최소 25년 이상 보호받을 수 있도록 하고 있다.

6) 소급보호의 원칙

베른협약 제18조 제1항은 "이 협약은 효력 발생 당시에 본국에서 보호기간 만료에 의하여 이미 저작권이 소멸된 상태(자유이용 상태)에 놓이지 아니한 모든 저작물에 적용된다."라고 규정하여 이른바 '소급보호의 원칙'을 명시하고 있다. 이는 베른협약의 효력 발생 전에 창작된 저작물이라도 협약이 발효될 당시에 그 본국에서 보호기간의 만료에 의하여 공중의 영역에 들어간 경우를 제외하고는 베른협약에 따라 보호를 받을 수 있음을 의미한다.

다. 베른협약의 중요성

베른협약은 전 세계적으로 저작권 보호의 일관성을 제공하며, 이는 창작자들이 국가 간 저작권 보호의 차이로 인한 혼란을 겪지 않도록 한다. 예를 들어, 미국의 음악가는 자신의 음악이 어느 국가에서 사용되든지 간에 적절한 보호를 받을 수 있다.

또한, 베른협약은 창작활동을 촉진하는 역할을 하고, 다양한 문화와 창작물이 전 세계적으로 공유되고 발전할 수 있는 환경을 조성한다. 예를 들어, 프랑스의 영화 제작자는 자신의 영화가 다른 국가에서도 보호받을 수 있다는 확신을 가지고 창작 활동에 전념할 수 있게 된다.

베른 협약은 저작권 보호의 국제 표준을 정립한 중요한 조약으로, 이를 통해 창작자들은 자신의 권리를 보호받고, 창작 활동에 더욱 전념할 수 있게 된다. 이 협약은 전 세계적으로 창작물의 가치를 인정하고 보호하는 데 큰 기여를 하고 있으며, 앞으로도 그 중요성은 계속해서 강조될 것이다.

여러분이 창작자이든, 아니면 단순히 창작물을 즐기는 소비자이든, 베른 협약의 의미와 중요성을 이해하는 것은 매우 중요하며, 이를 통해 우리는 창작물의 가치를 더 깊이 이해하고, 이를 존중하는 문화를 만들어 갈 수 있을 것이다.

상표 바꿔치기

가. 상표 바꿔치기란?

'상표 바꿔치기'란 제품에 부착되어 있던 기존의 상표를 제거하고 새로운 상표를 부착하는 것을 이야기하는 것으로 법률적인 용어라기보다는 거래사회에서 통용되고 있는 용어에 가깝다. 비슷한 용어로 '포장갈이'라는 용어도 사용되는데, '포장갈이'란 값싼 제품을 구입해서 자신이 제조한 것처럼 자신의 상표를 부착하여 포장한 상품을 판매하거나 유통기한이 지난 식품이나 의약품의 박스만 교환하여 유통기한이 지나지 않은 것처럼 속여 판매하는 행위를 말한다.

나. 상표 바꿔치기의 종류

1) 저렴한 중국제품을 들여와 유명 브랜드 상표를 부착하여 판매하는 경우

가끔 저렴한 중국산 제품을 들여온 뒤 일명 '상표 바꿔치기'를 통해 본래의 상표를 제거한 후 유명 브랜드 상표를 부착하여 판매하다 당국에 적발되는 사례들을 기사로 접하게 된다. 기사의 주요 내용을 보면 아래와 같다.

'이들은 플라스틱 사출 성형기까지 동원해 정교하게 라벨과 로고를 만들었다. 단속에 나선 경찰들도 짝퉁 등산복의 만듦새만 보면 쉽게 가짜라는 사실을 구별하기 힘들었다고 털어놨다. 짝퉁 등산복은 주로 땡처리 매장이나 재래시장 등에서 유통된 것으로 경찰은 추정하고 있다. 이들은 티셔츠는 개당 1만 2천~1만 5천 원, 점퍼는 4만~6만 원, 바지는 2만 원가량에 지역 유통책에게 넘겨 많게는 원가의 60배 이상 수익을 남겼다고 경찰은 말했다.' (연합뉴스 2015. 10. 8. 기사 참조)

이 기사는 시간이 좀 지난 기사이기는 하지만 이러한 일명 '상표 바꿔치기' 수법은 대표적인 위조상품 제조 수법으로 지금도 같은 방법으로 많은 위조상품들이 생산되고 있다고 보여진다.

2) 타사의 제품을 수입해 들여와 자신의 상표를 부착하여 판매하는 경우

가) OEM, ODM, OBM

OEM(Original Equipment Manufacturing)은 주문자 위탁 생산 또는 주문자 상표 부착 생산이라고 하며, 주문자가 제조를 의뢰하면 단순하게 생산만 하는 하청 생산방식으로 완성된 완제품에 상표만 부착하는 방식이다. 통상 유통망을 충분히 구축하고 있는 주문업체가 제조 및 생산기술 역량이 있는 제조업체에 위탁제조를 의뢰한 후 주문업체의 상표를 부착해서 판매하게 된다.

주문업체 입장에서는 자신의 직접 공장을 세워 생산기반을 구축하지 않고서도 제품의 대량생산이 가능하기 때문에 효율적인 생산과 원가절감이 가능해지고 제조업체 입장에서는 확실한 거래처를 확보하고 보유하고 있는 생산시설을 최대한 활용하고 안정적인 제품생산을 통해 기업이 성장할 수 있다는 장점이 있다. 반면 주문업체 입장에서는 기술유출의 우려가 발생하고 제조업체 입장에서는 사업이 주문업체에 종속된다는 단점이 있다.

대표적인 OEM전문기업으로는 Foxconn, TSMC 등을 들 수 있다. 자전거 업계에서는 대만의 자이언트 자전거가 자체 자전거로도 세계 1위지만 OEM 생산량은 자체 자전거의 2배나 될 정도로 미친 물량 파워를 자랑한다. 전 세계 자전거 53%가 자이언트에서 생산되고 자이언트 생산량 중 69%가 타 회사의 OEM 수주 물량이다.

나중에는 OEM으로 쌓은 기술력으로 자체 브랜드를 달고 상품을 만드는 경우도 있다. 위에서 언급한 폭스콘 같은 경우가 그렇고, 815콜라 같은 경우도 원래 코카콜라의 OEM 업체였으나 코카콜라가 직영 공장을 설립하자 그 생산 설비를 이용하여 자체 브랜드를 만든 사례이다. OEM으로 성장한 대표적인 국내 기업으로는 화승그룹이 꼽힌다. 나이키의 OEM으로 성장했지만 나이키와의 결별 후 르까프 등의 자체 브랜드를 성공적으로 론칭해 그룹 연매출이 조 단위로까지 성장했다. (나무위키 참조)

ODM(Original Development Manufacturing)은 제조자 개발 생산 방식이라고도 하며, OEM에서 한 단계 발전한 개념으로 주문업체는 컨셉만 전달하고 제품의 기획. 설계, 개발, 생산 등을 제조업체가 책임지며 이렇게 생산된 제품에 주문업체의 상표를 부착해서 공급하는 방식이다. 주문업체는 머리 아프게 설계 및 생산을 할 필요 없이 상표만 붙여서(사실 붙인 상태로 납품하지만) 팔면 된다는 장점이 있지만 반면 제조업체의 기술에 의지할 수 밖에 없어 독립적인 기술력을 갖추기 어렵게 된다는 단점도 있다.

예를 들어, 넥서스 원은 구글이 HTC에게 생산은 물론 하드웨어 설계까지 일임시켜 납품받은 것인데, 이 경우 HTC는 ODM이다.

OBM(Original Brand Manufacturing)은 자체 상표 생산방식이라고도 불리며, 개발과 생산, 유통 등의 전반인 단계를 모두 한 기업 내에서 자체적으로 진행하는 방식을 말한다. 상품의 디자인과 개발, 생산, 유통 모두를 직접 수행하므로 부가가치가 매우 높지만 생산기술을 축적하고 상품을 개발하고 유통채널을 구축하고 브랜드 마케팅을 하는 데 많은 비용과 시간이 소요된다는 단점이 있다.

나) ODM 제품이 아니거나 제조사로부터의 구매가 아닌 경우

ODM 제품의 경우 주문업체는 제조사에 생산을 의뢰하고 ODM제조를 의뢰한 판매업체는 이렇게 주문을 통해 생산된 제품을 판매하게 된다. 그런데 이렇게 ODM을 통해 제조를 의뢰하여 만들어진 제품을 판매하는 방식이 아니라 제조업체가 자사의 상표를 붙여 시장에 유통시킨 상품을 특정 판매업체가 다른 판매경로를 통해 구매한 다음 해당 상표를 제거한 다음 자사의 상표를 붙여 판매하는 경우가 문제된다.

이는 각 사안에 따라 달리 살펴보아야 한다.

만약 제조업체가 이런 방식으로 판매되고 있는 제품에 대해 문제를 제기할 의사가 없는 경우이다. 제조업체 입장에서는 자사의 제품을 시장에서 구매해서 다시 판매하고 있는 이러한 판매업체가 고마울 수도 있다. 제조업체의 입장에서는 어찌 되었건 자사의 제품이 시장에서 많이 팔리고 있기 때문이다. 따라서 이에 대해 어떤 문제제기도 하지 않고 오히려 이를 적극적으로 권장하고 활용하는 경우가 있을 수 있다.

이런 경우에는 양 당사자가 어떠한 불만도 없는 상황이기 때문에 법적인 분쟁이 발생할 여지가 없다.

최근 안마의자와 관련하여 중국산 저렴한 제품을 국내로 들여와 자사의 브랜드만 부착하여 고가에 판매하는 업체들에 대한 비판적인 기사가 나온 적이 있다.

기사 내용을 보면 "OEM과 달리 ODM은 단순히 주문자 브랜드만 붙이는 상표 갈이 수준인데 국내판매가격이 형다 판매가의 수 배에 달해 정상가격으로 보기 어렵고, 안마의자 업체들은 형린 제품을 시트나 디자인, 로고 등을 살짝만 바꿔 국내서 다른 제품명으로 판매"하고 있기 때문에 소비자만 비싼 가격으로 제품을 구매해야 하는 피해를 입어 문제라는 식으로 이야기를 하고 있다.

하지만 이는 소비자 측면에서의 문제일 수는 있지만 ODM방식으로 제조해서 납품을 하는 경우이거나 제조업체가 이에 대해 문제 제기를 하지 않고 있는 사례로 보여지므로 법적으로 제조업체와 판매업체 간에 분쟁이 발생하는 상황은 아닌 것으로 보인다.

문제가 되는 경우는 특정 판매업체의 이런 판매방식이 제조업체의 의사에 명백히 반하는 경우이다.

특히 제조업체가 자사의 브랜드를 갖고 사업을 하고 있고 이 브랜드를 철저하게 관리하고 자사의 제품에 대한 평판이나 정체성을 강력하게 관리하고 있는 기업일 경우에 특히 문제가 된다.

A라는 제조업체가 자사가 디자인하고 개발하여 생산한 제품을 시장에 유통시켰는데 B라는 판매업체가 A사의 상품을 대량으로 구매한 다음 A사의 상표를 제거한 다음 B사의 상표를 제품 및 포장에 부착하여 상품을 판매하는 경우가 발생할 수 있다.

A사는 자신들이 힘들게 기획하고 디자인한 상품을 시장에 출시하고 이 제품을 통해 자사의 브랜드를 프리미엄 브랜드로 만들기 위해 자신들의 브랜드를 상표로 등록하고 디자인등록을 통해 디자인을 보호하고, 다양한 광고와 마케팅 활동을 통해 브랜드의 가치를 높이고 좋은 브랜

드 이미지를 만들어가기 위해 노력하고 있었다면, B사가 자신들의 제품을 구매하여 자신들의 상표를 부착하여 판매하는 행위를 그대로 용인하기보다는 이를 강력하게 제지하고자 할 것이다.

이처럼 제3자가 타인의 상표제품에 부착된 등록상표를 제거하여 판매하거나, 타인의 등록상표 제거(말소) 후 자신(제3자)의 상표로 바꿔치기하여 상품을 판매하는 경우에는 해당 등록상표를 상품에 사용하는 것은 아니므로, 제3자가 바꿔치기한 상표가 등록상표와 유사한 상표에 해당하지 않는 한 등록상표에 대한 상표권침해가 성립되지 않는다는 견해도 있으나, 타인의 등록상표 제거와 상표 바꿔치기를 하여 상품을 판매하는 행위는 등록상표의 고유한 상품출처표시 기능과 상표권자가 등록상표에 대해 갖는 독점적 사용권인 전용권을 침해하는 행위가 되므로 상표권 침해가 성립된다는 것이 대체적인 견해이다. ("오세중의 지식재산이야기" 블로그 내용 인용, https://m.blog.naver.com/sjoh777/222705393130)

타인의 상품에 부착된 등록상표를 제3자가 자신의 상표로 바꿔치기하여 판매하거나 그 이미지나 영상 등을 광고에 사용하는 경우에는, 해당 타인의 등록상표 또는 상품의 형태가 국내의 거래자나 소비자들에게 특정인의 상품출처표지로서 널리 인식되어 있는 경우, 해당 등록상표 제품이 상표권자의 상당한 투자나 노력으로 만들어진 것인 경우 등에는 '부정경쟁방지 및 영업비밀보호에 관한 법률' 제2조 제1호 가목(상품출처혼동행위), 다목(식별력이나 명성을 손상하는 희석화행위), 바목(타인의 상품 사칭행위), 자목(타인의 상품 형태 모방행위) 및 카목(타인의 경제적 이익의 침해)에서 규정하는 부정경쟁행위를 구성하는 것으로 판단되어 제3자는 이에 따른 민, 형사상의 법적 책임을 질 수도 있다. ("오세중의 지식재산이야기" 블로그 내용 인용)

이외에도 아래와 같이 타인의 상품을 구입하여 개조한 상품을 새롭게 포장을 하는 경우에도 상표권 분쟁의 위험이 있을 수 있다.

[새로운 상표로 재포장하는 행위의 문제]

디지털카메라가 대중화되기 전에는 필름카메라 방식의 1회용 카메라가 많이 사용되었다, 1회용 카메라는 구매 후 내장되어 있는 한 통의 필름을 다 사용하고 나면 현상소에 이를 맡겨 사진을 인화할 수 있도록 하는 방식으로 사용된다. 그런데 N이라는 사업자가 후지필름 주식회사가 생산하였다가 사용 후 회수된 1회용 카메라를 매입한 다음, 후지필름의 카메라 몸체에 후지필름이 아닌 타 회사 제품의 필름을 갈아 끼우고 새로운 포장을 입혀 미라클(Miracle)이라는 상표를 표기하여 시중에 유통하여 문제가 된 사안에서 법원은,

"후지필름이 제조한 1회용 카메라는 1회 사용을 전제로 하여 촬영이 끝난 후 현상소에 맡겨져 카메라의 봉인을 뜯고 이미 사용한 필름을 제거하여 이를 현상함으로써 그 수명을 다하게 되며, 이에 따라 그 카메라 포장지에도 현상 후 그 몸체는 반환되지 아니한다고 기재되어 있는 사실, 피고인이 이미 수명이 다하여 더 이상 상품으로서 아무런 가치가 남아 있지 아니한 카메라 몸체를 이용하여 1회용 카메라의 성능이나 품질

면에서 중요하고도 본질적인 부분인 새로운 필름(후지필름이 아닌 타
회사 제품) 등을 갈아 끼우고 새로운 포장을 한 사실을 인정할 수 있는
바, 피고인의 이러한 행위는 단순한 가공이나 수리의 범위를 넘어 상품
의 동일성을 해할 정도로 본래의 품질이나 형상에 변경을 가한 경우에
해당된다 할 것이고 이는 실질적으로 새로운 생산행위에 해당한다고 할
것이므로, 이 사건 등록상표의 상표권자인 후지필름은 여전히 상표권을
행사할 수 있다고 보아야 할 것이다."라고 판단하였다. (대법원 2003. 4.
11. 선고 20021도3445 판결)

권단 변호사는 2013년 9월호 아이러브캐릭터 칼럼에서 이 사건의 판
례를 소개하면서 "A가 사용한 'Miracle'이라는 상표를 보고 일반인들이
이 제품이 A라는 상표권자의 제품이라고 출처를 인식할 수 있었다면 A
의 행위는 상표권 침해행위가 되지 않을 수도 있었다고 할 것이나, 오히
려 후지필름의 상표가 재활용된 카메라 곳곳에 남아 있음으로 인하여
일반 소비자들의 관점에서는 후지필름에서 나온 'Miracle'이라는 상품명
의 1회용 카메라로 오인, 혼동할 수 있다는 점을 고려한 판결로 보인다."
라고 적었는데 이 사례를 이해하는 데 중요한 부분을 지적해 주신 것으
로 보인다.

                                                    온라인 짝퉁전쟁

로고 지우기

가. 위조상품 차단을 피하기 위한 위조판매자들의 노력

위조상품 모니터링을 하다 보면 위조상품 단속을 피하기 위해 또는 모니터링에서 발견되지 않기 위해 다양한 방법들을 사용하는 위조상품 판매자들을 보게 된다.

온라인 마켓플레이스에서 위조상품 모니터링을 통해 발견된 위조상품들은 온라인 마켓플레이스마다 운영하고 있는 위조상품 신고센터를 통해 신고를 진행하여 판매를 중단시키는 경우가 많은데, 신고센터에서는 상표법 위반사례를 가장 적극적으로 차단해주는 경향이 있다. 브랜드 보유기업인 상표권자가 자신의 상표등록원부를 제출하면 상표등록원부에는 상표의 명칭 뿐만 아니라 해당 상표권의 지정상품이 명확하게 기재되어 있기 때문에 신고센터에서도 신고된 상품에서 해당 상표권의 상표의 명칭이 사용되었는지를 확인하고 해당 상품이 상표등록원부

상에 기재된 지정상품과 같은 상품인지를 확인하는 과정이 어렵지 않기 때문이다.

다음으로 신고센터를 통해 판매 차단이 용이한 사례는 상품의 이미지를 그대로 사용하거나 상품을 촬영한 사진이미지를 그대로 사용하는 경우이다. 상표를 그대로 사용하고 있지는 않지만 상품의 외관을 동일하게 하는 경우 예를 들면 라면의 포장디자인, 즉 라면 봉지의 색과 디자인 컨셉을 그대로 도용하여 마치 정품인 것처럼 보이도록 하여 위조상품을 판매하는 경우인데 이 경우에는 저작권법 또는 부정경쟁방지법 위반으로 신고할 경우 신고센터에서는 육안으로 양 상품을 비교해서 직관적인 판단이 어느 정도 가능하고 누가 봐도 위조상품이 정품을 베껴서 만들었다는 것을 알 수 있기 때문에 차단신청을 받아들여 주는 경우가 많다.

상품을 촬영한 사진이미지를 그대로 사용하고 있는 위조상품의 경우에도 정품에서 사용된 사진을 그대로 도용하여 위조상품 페이지에 게재하는 경우이기 때문에 신고센터에서도 용이하게 확인이 가능하고 사진이미지를 도용한 저작권 침해사례라는 것을 바로 알 수 있기 때문에 차단신청을 쉽게 받아들여 준다.

위조상품 문제는 위조상품을 판매하는 자와 이를 막고자 하는 자의 창과 방패의 싸움과 같은데, 위조상품 판매자들 역시 어떻게든 위조상품 단속을 피해 자신들의 상품 판매를 극대화하고 설령 위조상품 단속에 노출되는 경우에도 최대한 판매가 차단되는 것을 지연시키기 위해 다양한 노력들을 하게 된다.

　　　　　　　　　　　　　　　　　온라인 짝퉁전쟁

위에서 설명한 것처럼 상표법 위반 사례나 상품 이미지를 도용하는 경우 온라인마켓에서 즉각적으로 제재가 들어오기 때문에 위조상품 판매자들도 위조상품을 판매를 하면서 적발되더라도 최대한 피해갈 수 있는 방안을 마련하기 위해 다양한 노력들을 하게 되는데 그 중 한 가지 방법이 상표나 로고를 지우거나 흐릿하게 하여 단속을 피해 가는 방법이다.

나. 상표/로고 지우기를 통한 위조상품 사례 – 불닭볶음면

2012년 4월에 출시된 삼양식품 불닭 시리즈는 아직도 그 인기가 하늘을 찌르고 있다. 2022년 기준으로 보면 불닭 시리즈의 누적 매출은 2조 519억 원으로, 9년간 약 36억 6153만 개 제품이 판매된 것으로 집계됐다. 지구 인구 2명 당 한 명꼴로 먹어 본 셈이다. (소비자가 만드는 신문, 2022. 3. 31.자 기사 참조)

2024년에는 '불닭' 단일브랜드로 매출 1조 원을 달성할 것으로 예측된다고 하고 그 중 수출비중이 80% 내외가 될 것이라고 하니 그야말로 전 세계인의 사랑을 받고 있는 삼양식품의 효자상품이라 할 수 있다.

이렇게 불닭 시리즈의 인기가 높다 보니 짝퉁이 기승을 부리고 있는 것도 현실이다. 온라인 모니터링을 해 보면 불닭볶음면 짝퉁들이 다수 검색된다.

아래의 사진은 중앙일보에 게재되었던 짝퉁 제품 사진이다.

정품 이미지

짝퉁 제품 이미지

이외에도 아래와 같이 포장의 디자인을 살짝 변경하여 만든 짝퉁들도
온라인 마켓플레이스에서 쉽게 찾아볼 수 있다.

그런데 이들 불닭볶음면 짝퉁들의 공통점은 불닭볶음면과 그 포장 컨
셉이 매우 유사하고 특히 포장지에 삼양식품의 불닭볶음면에 있는 캐릭

터인 '호치'와 유사한 캐릭터를 유사한 위치에 배치해 만들었다는 것이다. 그야말로 의도적으로 삼양식품의 불닭볶음면과 비슷하게 보이도록 만들었다고 볼 수 있다.

'호치'는 삼양식품 불닭볶음면을 대표하는 캐릭터로, 삼양식품 홈페이지에 있는 호치 캐릭터에 대한 소개를 보면 아래와 같다.

호치 캐릭터는 이모티콘으로도 만들어지고 NFT로 만들어지기도 했다. 또한 상품화를 통해 쿠션 등과 같은 굿즈 제품도 출시되었다.

캐릭터 호치는 상표등록을 통해서도 보호되고 있다.

특허청에 출원/등록된 불닭볶음면 관련 상표

호치 캐릭터는 이처럼 상표로서도 보호되고 있을 뿐만 아니라 저작권으로도 보호가 가능하다. 저작권은 등록을 보호의 전제요건으로 하고 있지 않기 때문에 호치 캐릭터는 국내 및 해외 주요국에서 저작권에 의한 보호가 가능하다.

앞에서 본 온라인마켓에서 판매되고 불닭볶음면 짝퉁 제품들은 호치 캐릭터를 사용하고 있으면서도 단속을 피해 가기 위해 호치 캐릭터를 지워 보이지 않도록 해서 판매하는 경우도 종종 볼 수 있다.

캐릭터 부분을 다른 이미지로 가린 사례

위의 사례처럼 아예 호치 캐릭터가 있는 부분에 다른 이미지를 부가하여 호치 캐릭터가 가려지도록 해서 판매하는 사례도 있으며, 아래 사례처럼 캐릭터가 있는 부분을 희미하게 처리해 판매하는 경우도 있다. 이처럼 캐릭터가 온라인 상의 상품페이지에서 보이지 않도록 하여 판매를 하는 경우에는 위조상품 신고센터를 통해 신고를 해도 상품페이지에 있는 이미지만으로는 판매차단을 시키기 어렵게 되고 위조상품 판매자들은 이러한 점을 노리고 있는 것이다. 이런 경우에는 판매차단을 위해 해당 상품을 실제로 구매하여 제품사진을 직접 찍어 신고할 수 밖에 없다.

캐릭터 부분을 희미하게 처리한 사례

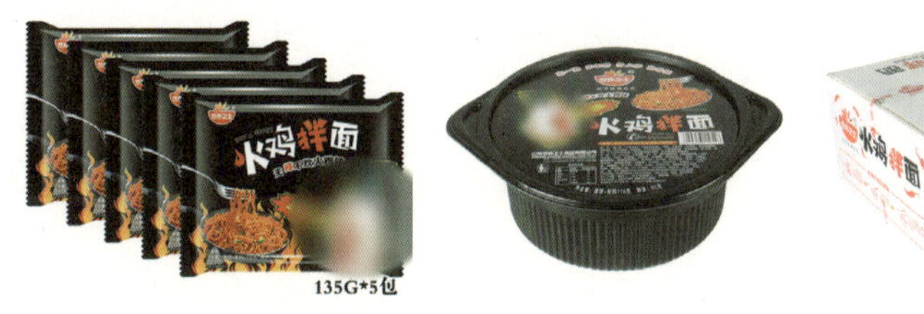

다. 위조상품 판매 차단

위의 짝퉁 사례들을 보면 불닭볶음면과 포장의 색상과 디자인을 거의 그대로 베끼고 호치 캐릭터와 유사한 캐릭터를 삼양식품 불닭볶음면 포장에서 호치 캐릭터가 위치하는 영역과 동일한 영역에 배치함으로써 소비자들로 하여금 불닭볶음면으로 혼동하게 하거나 혼동까지는 아니더라도 최소한 불닭볶음면이 갖고 있는 인기와 명성에 편승하기 위한 것

임은 명백해 보인다. 이들 상품들에 대해서는 상표법뿐만 아니라 저작
권법이나 부정경쟁방지법을 위반하고 있는지 여부를 검토하여 무분별
하게 나타나는 짝퉁 내지는 유사품의 유통을 방지할 수 있을 것으로 보
인다. 하지만 이들 제품들이 교묘하게 캐릭터를 약간 다르게 하는 등 이
러한 법적 제재를 회피하기 위한 노력들을 기울인 탓에 온라인 마켓플
레이스 위조상품 신고센터를 통한 판매차단이 쉽지 않을 수도 있다. 따
라서 포장지에 한글로 '불닭볶음면'이라는 글씨를 써 놓은 점이나 불을
뿜고 있는 캐릭터의 전체적인 동작이 호치 캐릭터의 동작을 그대로 베
껴 유사하다는 점 등을 근거로 부정경쟁의 목적 등을 적극 주장하여 법
원의 판결을 받아 처리해야 할 수도 있을 것으로 보인다.

또한 호치 캐릭터가 있는 부분을 희미하게 처리하거나 아예 다른 이
미지로 가려서 판매를 하고 있는 상품들의 경우에는 제품 구매를 진행
하여 실제 상품의 상태를 확인한 후 플랫폼 신고 등을 통한 차단을 진행
해야 할 것이다.

'불닭볶음면'이라는 이름은 문자상표를 통해 보호하고, 호치 캐릭터는
상표등록 및 저작권에 의한 보호가 가능하다. 라면 포장지는 디자인등
록에 의해 보호가 가능하지만 국가마다 디자인등록을 해야 하는 어려움
이 있으므로 라면 포장지에 대한 저작권 보호를 주장한다면 저작권등록
이 되어 있지 않은 나라에서도 어느 정도 보호가 가능할 것으로 보인다.

삼양식품에서는 특히 호치 캐릭터가 소비자들에게 좀 더 친숙하게 다
가갈 수 있도록 하기 위해 동영상 콘텐츠를 제작하거나 콜라보 제품을

출시한다거나 하는 등 다양한 노력들을 하고 있다. 이를 통해 소비자들은 점점 더 호치 캐릭터에 대한 호감을 갖게 될 것으로 보이고 호치 캐릭터와 불닭볶음면을 함께 연상하면서 호치 캐릭터 및 불닭볶음면에 대한 고객충성도도 높아질 것으로 보인다. 이렇게 되면 불닭볶음면은 문자상표로서 보호되는 것뿐만 아니라 호치 캐릭터의 높은 인지도를 통해 이와 유사한 캐릭터를 사용하고 있는 제품들에 대해서도 보다 더 적극적인 제재가 가능해질 것으로 보인다.

캐릭터의 법적 보호

캐릭터를 사전에서 찾아보면 아래와 같이 정의되어 있다.

i) 소설이나 연극 따위에 등장하는 인물. 또는 작품 내용 속에서 드러나는 인물의 개성과 이미지, ii) 소설, 만화, 극 따위에 등장하는 독특한 인물이나 동물의 모습을 디자인에 도입한 것, iii) 키보드를 눌러서 화면에 나타낼 수 있는 한글, 알파벳, 한자, 숫자, 구두점 따위를 통틀어 이르는 말.

대법원의 판결예에서 캐릭터는 "만화, 텔레비전, 영화, 신문, 잡지 등 대중이 접하는 매체를 통하여 등장하는 가공적인 또는 실재하는 인물, 동물 등의 형상과 명칭"이라고 하였다. (대법원 1996. 9. 6. 선고 96도139 판결)

캐릭터가 법적으로 어떻게 보호될 수 있는지에 대해 살펴보면, 캐릭

터는 크게 저작권법, 상표법, 디자인보호법 및 부정경쟁방지법에 의해
보호될 수 있다.

캐릭터는 저작물 중에서 미술저작물에 해당하며 저작권 등록 시에는
저작물의 종류에 대한 분류에서 미술저작물-응용미술-캐릭터를 선택하
여 등록을 하게 된다. 저작권은 등록하지 않아도 창작하는 순간 자동적
으로 발생하는 권리이며, 캐릭터가 저작물로 보호받기 위해서는 저작권
법이 요구하는 저작물로서의 성립요건인 인간의 사상이나 감정을 표현
한 것으로서 창작성이 있어야 한다는 요건을 만족하여야 한다.

캐릭터에 대한 저작권의 보호는 통상 캐릭터의 상품화권을 저작권법
에 의해 폭넓게 보호할 것인지 아니면 상표법이나 부정경쟁방지법 등에
의해 다소 제한적으로 보호할 것인지가 중요한 이슈인데, 이는 각 나라
의 캐릭터 산업 수준 등 산업정책적인 문제와 밀접하게 관련되어 있다
고 볼 수 있다. (오승종 저, 저작권법 전면개정판 제 263쪽 참조)

캐릭터 자체가 상표와 같은 출처표시기능을 수행하면 상표로도 등록
이 가능하다. 아래의 사례들은 캐릭터를 상표로 등록한 사례들이다.

상표권
KR 40-1052717

상표등록 40-0696390

상표등록 40-0846045

상표등록 40-0856701

캐릭터의 형상은 직물이나 의류 등에 평면디자인으로서 등록하거나, 인형과 같이 입체적 형상으로도 등록 가능하다. 다만 캐릭터 자체는 물품성의 결여로 디자인등록의 대상이 아니며, 결국 물품마다 따로 디자인등록을 해야 한다.

아래의 사례들은 캐릭터를 디자인등록을 통해 보호하고 있는 사례들이다.

캐릭터가 국내에서 널리 알려져 있다면, 부정경쟁방지법에 의해서도 보호될 수 있다. 대법원 판결에서는 캐릭터(character)는 그것이 가지고 있는 고객흡인력(顧客吸引力) 때문에 이를 상품에 이용하는 상품화(이른바 캐릭터 머천다이징, character merchandising)가 이루어지게 되는 것이고, 상표처럼 상품의 출처를 표시하는 것을 그 본질적인 기능으로 하는 것은 아니어서, 캐릭터 자체가 널리 알려져 있다고 하더라도 그것이 상품화된 경우에 곧바로 타인의 상품임을 표시한 표지로 되거나 그러한 표지로서도 널리 알려진 상태에 이르게 되는 것은 아니라고 할 것이므로, 캐릭터가 상품화되어 부정경쟁방지법 제2조 제1호 가목에 규정된 국내에 널리 인식된 타인의 상품임을 표시한 표지가 되기 위하여는

온라인 짝퉁전쟁

캐릭터 자체가 국내에 널리 알려져 있는 것만으로는 부족하고, 그 캐릭터에 대한 상품화 사업이 이루어지고 이에 대한 지속적인 선전, 광고 및 품질관리 등으로 그 캐릭터가 이를 상품화할 수 있는 권리를 가진 자의 상품표지이거나 위 상품화권자와 그로부터 상품화 계약에 따라 캐릭터 사용허락을 받은 사용권자 및 재사용권자 등 그 캐릭터에 관한 상품화 사업을 영위하는 집단(group)의 상품표지로서 수요자들에게 널리 인식되어 있을 것을 요한다고 판시한 바 있다. (대법원 1996. 9. 6. 선고 96도139 판결)

캐릭터 위조상품 단속 사례를 하나 소개하고자 한다.

A 캐릭터 위조상품이 발견되어 신고가 진행되었다. 이 상품은 의류 앞면에 A 캐릭터를 그대로 사용하고 있었고 특히 캐릭터 아래 부분에 영어로 해당 캐릭터의 이름을 사용하고 있어서 A 캐릭터를 무단으로 도용하여 상품화한 부분에 대해서는 저작권 침해에 해당하고, 캐릭터의 이름을 상표권자의 허락 없이 무단으로 상품에 사용한 부분에 대해서는 상표권 침해에 해당하는 위조상품이었다. 해당 상품에 대해서는 네이버 스마트스토어와 같은 플랫폼 신고를 통해 상품의 판매를 차단함과 동시에 산업재산권 및 부정경쟁행위 신고센터를 통한 수사기관의 수사가 함께 진행되었다.

해당 위조상품의 판매업자는 온라인상의 상품페이지에서 캐릭터의 이름을 상품의 사진에서 삭제하여 게재하면서 재판매를 시도하였으나 이 역시 A 캐릭터를 그대로 사용하고 있는 것이어서 A 캐릭터 저작권을 침해하는 위조상품으로 볼 수 있다. 더욱이 해당 상품에 대한 시범구매를 진행한 결과 실제 제품에서는 처음 제품사진에서와 동일하게 캐릭터의 이름이 그대로 제품에 있는 상태였으며, 결국 사진에서만 그 이름을 삭제하여 마치 제품에서도 캐릭터 이름이 삭제된 것처럼 속이기 위한 것이었다는 것을 시범구매를 통해 확인할 수 있었다.

결국 해당 상품은 온라인마켓 플랫폼들에서 모두 판매가 차단되었고, 특허청 특별사법경찰을 통한 수사까지 진행되었다.

온라인 짝퉁전쟁

오픈마켓의 책임

가. 위조상품이 거래된 오픈마켓의 플랫폼 사업자 책임

10여 년 전에만 해도 위조상품은 주로 남대문시장이나 동대문시장과 같은 오프라인에서 거래가 되었다. 중국에서는 짝퉁만을 전문적으로 판매하는 어마어마한 규모의 시장이 여러 곳이어서 중국 여행을 가는 사람들이 한번씩은 들렀다 오곤 했다는 이야기를 들은 적이 있다.

하지만 온라인마켓이 성장하면서 상품의 구매가 오프라인에서 온라인으로 대거 이동하면서 짝퉁 시장 역시 오프라인에서 온라인으로 이동하였다. 5~6년 전만 해도 온라인과 오프라인에서 모두 판매되던 위조상품들은 최근에는 거의 대부분이 온라인에서 판매되고 있고 중국에서 유명하다던 짝퉁시장들도 이제는 규모가 줄어들거나 아예 없어지고 있는 추세라고 한다.

이처럼 온라인에서 대부분의 위조상품들이 거래되는 것이 현실인데,

그렇다면 네이버나 쿠팡과 같은 오픈마켓 플랫폼 사업자들은 과연 자신들이 제공하는 온라인마켓에서 위조상품이 거래될 경우 이에 대한 책임이 있을까?

기본적으로 이들 마켓플랫폼들은 플랫폼사업자들은 마켓플랫폼만을 제공하고 있고 실제로 상품을 판매하는 것은 해당 플랫폼에 상품을 올려 판매하는 판매자들이기 때문에 플랫폼사업자들은 위조상품 판매에 대한 책임이 없다는 것이 플랫폼사업자들의 주장인 것 같다.

나. 쿠팡에서 거래된 위조상품 사례

최근 쿠팡에서 거래된 위조상품과 관련하여 국내 법원의 판결이 있었다. 사안은 다음과 같다. 편백나무 탈취제 등을 판매하는 A가 자신의 상표와 유사한 표장을 부착하여 쿠팡에서 제품을 판매하고 있는 B에 대해 상표권 침해에 따른 손해배상 소송을 하면서 B와 함께 쿠팡을 상대로도 "B가 나의 상표권 등을 침해하는 제품을 판매하고 있으므로 그 판매를 중단하는 조치를 취해 줄 것을 요청했음에도, 아무런 조치를 취하지 않고 B의 불법행위를 방치하여 B사로부터 수수료 상당의 이득을 얻었다"라며 손해배상을 요구하는 소송을 제기했다(2021가합510647). 쿠팡은 소장을 받은 2021년 5월 10일 이후 쿠팡 사이트에서 A의 상표와 유사한 표장을 부착하여 판매하고 있는 B의 제품에 대해 판매 중단 조치를 취했다.

법원은 "원고가 제출한 증거만으로는 쿠팡이 고의 또는 과실로 B의 상표권 등을 방치하였다고 인정하기 부족하다"라며 쿠팡에 대한 청구를 기각했다.

　재판부는 먼저 아디다스코리아가 이베이코리아를 상대로 제기한 소송의 대법원 판결(2010마817 상표권침해금지가처분)의 내용을 아래와 같이 인용하였다.

　"온라인 쇼핑몰 운영자가 판매자로서 직접 소비자들에게 상품을 판매하는 형태가 아니라, 판매자와 구매자 사이에 거래가 이루어질 수 있는 전자거래 시스템을 제공하고 그 대가로 판매자로부터 서비스 이용료를 받을 뿐 판매자와 구매자 사이의 구체적 거래에는 관여하지 않는 이른바 오픈마켓(Open Market)에서는, 운영자가 제공한 인터넷 게시공간에 타인의 상표권을 침해하는 상품판매정보가 게시되고 그 전자거래 시스템을 통하여 판매자와 구매자 사이에 이러한 상품에 대한 거래가 이루어진다 하더라도, 그러한 사정만으로 곧바로 운영자에게 상표권 침해 게시물에 대한 불법행위책임을 지울 수는 없다.

　다만 상표권 침해 게시물이 게시된 목적, 내용, 게시기간과 방법, 그로 인한 피해의 정도, 게시자와 피해자의 관계, 삭제 요구의 유무 등 게시에 관련한 쌍방의 대응태도, 관련 인터넷 기술의 발전 수준, 기술적 수단의 도입에 따른 경제적 비용 등에 비추어 볼 때,

　① 오픈마켓 운영자가 제공하는 인터넷 게시공간에 게시된 상표권 침해 게시물의 불법성이 명백하고,

　② 오픈마켓 운영자가 위와 같은 게시물로 인하여 상표권을 침해당한

피해자로부터 구체적·개별적인 게시물의 삭제 및 차단 요구를 받거나, 피해자로부터 직접적인 요구를 받지 않았다 하더라도 그 게시물이 게시된 사정을 구체적으로 인식하였거나 그 게시물의 존재를 인식할 수 있었음이 외관상 명백히 드러나고,

③ 나아가 기술적, 경제적으로 그 게시물에 대한 관리·통제가 가능한 경우에는,

오픈마켓 운영자에게 그 게시물을 삭제하고 향후 해당 판매자가 위 인터넷 게시공간에서 해당 상품을 판매할 수 없도록 하는 등의 적절한 조치를 취할 것이 요구되며(대법원 2009. 4. 16. 선고 2008다53812 전원합의체 판결 등 참조), 오픈마켓 운영자가 이를 게을리하여 게시자의 상표권 침해를 용이하게 하였을 때에는 위 게시물을 직접 게시한 자의 행위에 대하여 부작위에 의한 방조자로서 공동불법행위책임을 진다고 할 것이다(대법원 2010. 3. 11. 선고 2009다4343 판결 참조)."

재판부에 따르면, 쿠팡은 판매이용 약관 제14조 제1항 제9호에서 판매자에게 상표권, 지적재산권 등의 권리를 침해하는 상품을 판매하지 않을 의무를 부과하고 있고, 판매자의 판매 상품과 관련하여 특허권 침해 등의 분쟁이 발생할 경우 판매 중단 조치를 위한 내부 절차를 두고 있다. 쿠팡은 또 원고로부터 B의 표장이 부착된 제품의 판매 중단 요청을 받은 후 원고에게 '쿠팡은 권리자로부터 특정받은 상품에 대해 신고 접수를 진행하므로 신고하려는 상품 번호를 확인할 수 있도록 상품별로 특정'하여 줄 것을 요청했다.

재판부는 "쿠팡은 위와 같이 원고에게 판매 중단을 위한 절차를 설명하고 원고의 요청에 협조하기 위하여 상품 번호를 특정하여 줄 것을 요청하였으나 원고는 쿠팡의 요청에 아무런 회신을 하지 않았다"라며 "쿠팡의 인터넷 쇼핑몰에 입점한 판매자 수는 약 31만 개이고 입점 판매자들을 통하여 판매되는 상품의 수는 20억 개에 달하는 것으로 보이는데, 위와 같이 많은 수의 상품이 등록·판매되는 오픈마켓의 특성을 고려하면 원고가 쿠팡으로부터 판매 중단 대상인 상품을 구체적·개별적으로 특정하여 줄 것을 요청받고 아무런 대응을 하지 않았음에도 쿠팡이 권리 침해 또는 부정경쟁행위의 가능성이 있는 상품을 적극적으로 검색하여 미리 삭제하여야 할 주의의무가 있다고 보기 어렵다"라고 밝혔다.

재판부는 또 "달리 쿠팡이 원고로부터 구체적·개별적인 게시물의 삭제 및 차단 요구를 받거나, 원고로부터 직접적인 요구를 받지 않았다 하더라도 그 게시물이 게시된 사정을 구체적으로 인식하였거나 그 게시물의 존재를 인식할 수 있었음이 외관상 명백하다고 볼 만한 증거가 없다"라고 덧붙였다. (출처: 리걸타임즈(http://www.legaltimes.co.kr))

다. 유럽연합 사법재판소의 판결

2022년 12월에는 유럽연합 사법재판소(Court of Justice of the European Union)에서도 위조상품 판매에 대한 오픈마켓 플랫폼사업자의 책임에 대한 의미 있는 결정이 있었다.

크리스티안 루브탱(Christian Louboutin)이 아마존을 상대로 제기한

상표권 침해소송에 대한 결정으로 오픈마켓 플랫폼사업자인 아마존
(Amazon)이 크리스티안 루브탱의 상표권을 침해하였다는 취지의 결정
을 내려 화제가 되었던 사안이다.

크리스티안 루브탱(Christian Louboutin)은 바닥에 강렬한 붉은색이
칠해진 하이힐로 유명하다.

크리스티안 루브탱은 하이힐의 바닥면이 붉은색으로 칠해진 모양의
로고에 대해 유럽지식재산청(EUIPO)에 상표를 등록받았다.

아마존에서는 크리스티안 루브탱의 상표를 부착한 상품들이 판매되
었는데, 아마존이 직접 판매하고 있는 제품들도 있었고 제3자 판매자가
판매하는 상품들도 있었다. 그런데 이 제3자 판매자가 판매하는 상품이
정품이 아닌 위조상품이었고 크리스티안 루브탱은 이와 관련하여 제3
자 판매자뿐만 아니라 아마존을 상대로도 상표권을 침해하였다는 소송
을 제기한 것이다.

이와 관련하여, 유럽사법재판소는 1) 광고를 게재한 방법과 2) 플랫폼
사업자의 서비스의 특성과 범위 이 두 가지를 특히 중요하게 검토해야
한다고 이야기하였다.

그러면서, 아마존이 자신이 직접 판매하는 제품들에 대한 광고뿐만
아니라 위조상품 판매자의 광고를 함께 하였으며 이들 광고들에 모두
아마존의 로고를 표시하였다는 점과 아마존은 위조상품을 판매하는 제

   온라인 짝퉁전쟁

3자 판매자에게 상품의 보관, 배송 및 반품 관리 등과 관련된 서비스들을 제공하고 있기 때문에 아마존에서 제품을 구매하는 일반사용자들은 아마존에서 직접 판매하는 상품들과 제3자 판매자의 위조상품을 구분하여 인식하지 않을 가능성이 있다고 하면서 결과적으로 아마존도 상표권 침해에 해당한다는 결정을 내린 것이다.

⑧

진정상품 병행수입

가. 병행수입이란?

최근 온라인마켓에서는 병행수입품을 판매하는 판매자들을 흔하게 볼 수 있고, 그 품목 역시 매우 다양하다. "이렇게 병행수입 제품이 많이 판매되고 있으니 어떤 제품이든 병행수입을 해서 판매하는 것은 전혀 문제가 없겠지?"라고 생각할 수 있는데 병행수입 판매가 무조건 합법적인 것은 아니니 주의할 필요가 있다.

먼저, 병행수입에 대한 정의 그리고 진정상품 병행수입에 대한 정의를 살펴보자.

공정거래위원회에서 고시한 "병행수입에 있어서의 불공정거래행위의 유형 고시"에서는 "진정상품"이라 함은 상표가 외국에서 적법하게 사용할 수 있는 권리가 있는 자에 의하여 부착되어 배포된 상품을 말한다고 정의하고 있고, "병행수입"이라 함은 독점수입권자에 의해 당해 외국 상품이 수입되는 경우 제3자가 다른 유통경로를 통하여 진정상품을 국 내 독점수입권자의 허락없이 수입하는 것을 말한다고 정의하고 있다.

나. 진정상품 병행수입이 허용되는지 여부

1) 진정상품 병행수입 판매

위의 고시(병행수입에 있어서의 불공정거래행위의 유형 고시) 제1조(목적)에서는 "이 고시는 부당한 병행수입 저지행위의 대표적인 유형을 구체적으로 밝혀 이를 사전에 예방하는데 그 목적이 있다"라고 하면서, 제4조(기본원칙)에서는 "① 병행수입은 독점수입권자 외의 제3자가 다른 유통경로를 통하여 진정상품을 수입함에 따라 일반적으로 경쟁을 촉진시키는 효과를 지니는 것이므로 이를 부당하게 저해하는 경우에는 법에 위반된다. ② 병행수입품이라고 하는 상품이 진정상품이 아니고 위조상품인 경우에는 상표권의 침해를 이유로 독점수입권자가 그 판매를 중지시킬 수가 있고, 그 외에도 상품사양이나 품질이 다른 상표품인데도 불구하고 허위의 출처표시를 하는 등으로 해서 일반소비자에게 독점수입권자가 취급하는 상품과 동일한 것이라고 오인될 우려가 있는 경우 상표의 사용을 보지하기 위하여 필요한 조치를 취하는 것은 원칙적으로 법상 문제가 되지 아니한다."라고 기재하고 있어 원칙적으로 병행수입은 시장에서의 경쟁을 촉진하는 효과를 지니므로 허용된다는 입장을 명확히 하고 있다.

또한 아래와 같이 대법원 판결 내용에서도 우리나라는 진정상품의 병행수입 판매가 허용된다는 입장을 명확히 하고 있다.

"병행수입 그 자체는 위법성이 없는 정당한 행위로서 상표권 침해 등을 구성하지 아니하므로 병행수입업자가 상표권자의 상표가 부착된 상태에서 상품을 판매하는 행위는 당연히 허용될 것이다." (대법원 2002. 9. 24. 선고 99다42322 판결)

더 나아가, 병행수입에 있어서의 불공정거래행위의유형고시에서는 병행수입을 부당하게 방해하는 행위를 아래와 같이 구체적으로 열거하면서 이러한 방해행위는 불공정거래행위에 해당하여 금지된다는 점을 명확히 하고 있다.

가) 해외유통경로로부터의 진정상품 구입방해

병행수입업자가 진정상품을 구입하고자 하는 경우 외국상표권자의 해외거래처에 대하여 외국상표권자로 하여금 제품공급을 하지 못하게 하거나, 병행수입품의 제품번호 등을 통하여 그 구입경로를 알아내어 동제품을 취급한 외국상표권자의 해외거래처에 대하여 외국상표권자로 하여금 제품공급을 하지 못하게 하는 행위

나) 판매업자에 대한 병행수입품의 취급제한

독점수입권자가 독점수입상품을 판매함에 있어 부당하게 병행수입품

을 취급하지 않는 조건으로 자기의 판매업자와 거래하는 등 판매업자에 대하여 병행수입품을 취급하지 않도록 하는 행위

다) 병행수입품을 취급한 판매업자에 대한 차별적 취급

독점수입권자가 독점 수입상품을 판매함에 있어 자기의 판매업자 중 병행수입품을 취급하는 판매업자에 대하여는 타 판매업자에 비하여 현저하게 불리한 가격으로 거래하거나, 수량·품질 등 거래조건이나 거래 내용에 관하여 부당하게 차별적 취급을 하는 행위

라) 병행수입품을 취급한 판매업자에 대한 제품공급거절 및 중단

독점수입권자가 독점수입상품을 판매함에 있어 병행수입품을 취급하는 사업자와는 거래개시를 거절하거나 그동안 계속 거래하여 오던 자기의 판매업자 중 병행수입품을 취급한 사업자에 대하여 병행수입품을 취급하였다는 이유만으로 부당하게 제품의 공급을 중단하는 행위

마) 병행수입품을 취급하는 소매업자에 대한 독점수입품의 판매제한

독점수입권자가 자기의 판매업자(도매업자)로 하여금 부당하게 병행수입품을 취급하는 소매업자에게는 독점수입품을 판매하지 못하게 하는 행위

2) 병행수입자의 광고행위의 문제: BURBERRYS 판례

대법원은 "상표제도는 상표를 보호함으로써 상표 사용자의 업무상의

신용유지를 도모하여 산업발전에 이바지함과 아울러 수요자의 이익을 보호함을 목적으로 하고(상표법 제1조 참조), 상표는 기본적으로 당해 상표가 부착된 상품의 출처가 특정한 영업주체임을 나타내는 상품출처 표시기능과 이에 수반되는 품질보증기능이 주된 기능이라는 점 등에 비추어 볼 때, 병행수입업자가 소극적으로 상표를 사용하는 것에 그치지 아니하고 나아가 적극적으로 상표권자의 상표를 사용하여 광고·선전 행위를 하더라도 그로 인하여 위와 같은 상표의 기능을 훼손할 우려가 없고 국내 일반 수요자들에게 상품의 출처나 품질에 관하여 오인·혼동을 불러일으킬 가능성도 없다면, 이러한 행위는 실질적으로 상표권 침해의 위법성이 있다고 볼 수 없을 것이므로, 상표권자는 상표권에 기하여 그 침해의 금지나 침해행위를 조성한 물건의 폐기 등을 청구할 수 없다고 봄이 상당하다."라고 하였다.

　좀 더 내용을 상세히 살펴보면, 병행수입업자인 피고가 문제된 선전 광고물, 명함, 포장지, 쇼핑백, 내·외부 간판에 부착 또는 표시하여 사용한 이 사건 표장(구체적으로 보면, 이 사건 표장의 각 해당 표장과 전혀 동일하거나 그 해당 표장이라고 볼 수 있을 정도로 거의 동일하므로 피고가 사용한 표장이 이 사건 표장과 동일한 것으로 봄이 상당하다.) 은 원고 버버리의 등록상표들(상표등록번호 제50439호, 제66446호, 제163562호 등)과 동일하거나 극히 유사하여 상품 출처에 오인·혼동이 생길 염려가 없고 또 피고가 수입한 상품이 원고 버버리에 의하여 생산된 진정상품인 이상 국내 독점적인 수입·판매대리점인 원고 ○○통상이

　　　　　　　　　　　　　　　　　　　　　　온라인 짝퉁전쟁

원고 버버리로부터 수입하여 판매하는 상품과 품질에 있어 차이가 있다고 보기도 어려우므로, 결국 상표제도의 목적이나 상표의 기능 등에 비추어 피고가 위 선전광고물이나 명함 및 외부 간판 등에 그러한 표장을 사용한 행위는 실질적으로 위법하다고 할 수 없어 원고 버버리의 상표권을 침해한 것으로 보기 어렵다고 판단하였다.

다만, 대법원은 매장의 간판 등에 상표를 사용하는 행위에 대해서는 아래와 같이 부정경쟁방지법 위반이라고 판단하였다.

"병행수입업자가 적극적으로 상표권자의 상표를 사용하여 광고·선전행위를 한 것이 실질적으로 상표권 침해의 위법성이 있다고 볼 수 없어 상표권 침해가 성립하지 아니한다고 하더라도, 그 사용태양 등에 비추어 영업표지로서의 기능을 갖는 경우에는 일반 수요자들로 하여금 병행수입업자가 외국 본사의 국내 공인 대리점 등으로 오인하게 할 우려가 있으므로, 이러한 사용행위는 부정경쟁방지법 제2조 제1호 (나)목 소정의 영업주체혼동행위에 해당되어 허용될 수 없다고 볼 것이다.

매장 내부 간판, 포장지 및 쇼핑백, 선전광고물은 영업표지로 볼 수 없거나 병행수입업자의 매장이 마치 대리점인 것처럼 오인하게 할 염려가 없다고 보아 이 사건 표장의 사용이 허용되는 반면에, 사무소, 영업소, 매장의 외부 간판 및 명함은 영업표지로 사용한 것이어서 이 사건 표장의 사용이 허용될 수 없다고 판단하고 이들 외부 간판 및 명함에 대해서 이 사건 표장의 사용금지 및 그 폐기를 명한 원심의 조치는 위 법리에 비추어 정당하다."

결국 대법원은 이 '버버리' 사건에서 병행수입은 허용되고, 매장 내부 간판, 포장지, 쇼핑백, 선전광고물에 병행수입업자가 버버리 상표를 사용하는 것은 상표법 침해가 되지 않아 허용이 되지만, 사무소, 영업소의 외부 간판 및 명함에 버버리 상표를 사용하는 행위는 상표권 침해가 되지는 않더라도 영업표지로 사용한 것이어서 부정경쟁방지법상 영업주체혼동행위에 해당되어 허용될 수 없다고 보았다.

3) 병행수입 판매가 허용되지 않는 경우

가) SIMMONS 사건

위에서 살펴본 '병행수입에 있어서의 불공정거래행위의 유형 고시' 제4조에서는 원칙적으로는 병행수입을 허용하면서도 제2항에서는 진정상품이 아니고 위조상품인 경우에는 상표권의 침해를 이유로 독점수입권자가 그 판매를 중지시킬 수 있도록 하고 있고, 또한 상품사양이나 품질이 다른 상표품인데도 불구하고 허위의 출처표시를 하는 등으로 해서 일반소비자에게 독점수입권자가 취급하는 상품과 동일한 것이라고 오인될 우려가 있는 경우에는 상표권 침해를 이유로 필요한 조치를 취할 수 있도록 하고 있다.

SIMMONS(시몬스) 사례는 미국 시몬스사 제품을 직접 인터넷사이트에서 팔거나 구매대행을 해온 K사를 상대로 낸 상표권침해금지 청구소송에서 대법원이 K사측의 상고를 기각하고 ㈜시몬스침대 측의 손을 들어 준 사례이다.

대법원은 "국내에 등록된 상표와 동일·유사한 상표가 부착된 그 지정상품과 동일·유사한 상품을 수입하는 행위가 그 등록상표권을 침해하지 않기 위해서는 외국의 상표권자 내지 정당한 사용권자가 그 수입된 상품에 상표를 부착하거나 그 외국 상표권자와 우리나라의 등록상표권자가 법적 또는 경제적으로 밀접한 관계에 있어야 하며, 혹은 그 밖의 사정에 의해 위와 같은 수입상품에 부착된 상표가 우리나라의 등록상표와 동일한 출처를 표시하는 것으로 볼 수 있는 경우와 수입된 상품과 우리나라의 상표권자가 등록상표를 부착한 상품 사이에 품질에 있어 실질적인 차이가 없는 경우에도 등록상표권을 침해하지 않는다고 판단된다"라고 하여 진정상품병행수입이 허용되기 위한 기본적인 조건에 대하여 설명하면서, 이 사안에 대해서는 미국 시몬스침대와 한국의 ㈜시몬스침대는 법률적으로나 경제적으로 동일한 주체로 볼 수 없다고 보아 진정상품병행수입이 아니라고 판단하였다.

이 사안에서 1심 재판부는 "원고 시몬스침대는 미국 시몬스사와 기술제휴를 통해 동일 수준의 품질을 생산하고 있다고 광고해 온 점 등에 비춰 원고와 미국 시몬스사 사이에 자본적 결합관계는 없지만 상표권 지역분할에 관한 합의 및 상표권 전용사용계약·기술제휴를 통한 법률적 관계를 맺고 있는 것으로 평가할 수 있고 원고와 피고 판매제품 간 품질 차이가 없다"라고 하여 진정상품병행수입이 인정된다는 취지로 판단을 하였으나, 2심 재판부는 "이번 사건은 진정상품 병행수입이 아닌 '동일상표에 대해 국내외 상표권자가 다른 경우'에 해당한다."라고 판단하였다.

결국 대법원에서는 "네덜란드의 S사가 시몬스아시아리미티드로부터 미국 시몬스사 상표권에 대해 재실시권을 설정받은 관계에 있었다 해도 이는 미국 시몬스사로부터 실시권을 설정받은 것이라고 할 수 없다"라고 하면서 한국의 (주)시몬스침대는 미국 시몬스사와 법률적·경제적으로 동일한 주체로 볼 수 없다고 보았으며, 특히 "원고가 독자적으로 기술개발을 해 10여 개의 특허 등을 등록받은 점을 고려하면 원고 제품을 시몬스사 제품과 동일한 출처로 표시했다는 점을 인정하기 어려운 만큼 K사의 판매행위는 진정상품 병행수입에 해당하지 않는 상표권 침해"라고 판단하였다.

나) KSWISS 사건

대법원은 주식회사 화승이 KSWISS 상표에 대한 국내 전용사용권을 갖고 디자인팀에서 직접 디자인을 한 후 KSWISS 상표권자인 케이스위스인크 미국 본사와 협의를 거쳐 최종 제품을 제작하여 판매하고 있는 상황에서 KSWISS 제품을 병행수입한 수입업자와 관련하여 화승이 병행수입업자가 자신의 상표 전용사용권을 침해하였다고 주장한 사안에서 아래와 같이 판시하였다.

"화승은 케이스위스인크와 별도로 자체 디자인팀에서 이 사건 상표가 표시될 상품에 대한 디자인을 만든 뒤 우성산업으로 하여금 이 사건 상표를 표시한 상품을 제작하여 이를 판매하면서 그 제품에 대한 선전·광고를 하는 등 그 자신을 상품의 출처로 삼는 행위를 하고 있다고 할 것이므로, 이 사건 상표의 상표권자인 케이스위스인크와 국내 전용

사용권자인 화승 사이에 어떠한 법적, 경제적인 관계가 있다거나 그 밖의 다른 사정에 의하여 피고인이 수입한 이 사건 슬리퍼의 출처가 국내의 전용사용권자와 실질적으로 동일하다고 볼 수 있는 사정이 있다고 할 수 없다."

이 사안에서 화승이 제작하여 판매하고 있는 KSWISS 제품은 미국 케이스위스인크가 생산한 제품과 동일한 제품이 아니고 화승은 제품을 직접 디자인하고 제작하여 국내에서 광고를 통해 독점적으로 제품을 유통하고 있으며, KSWISS 상표에 대한 국내 전용사용권을 갖고 있기도 하다.

만약 국내에서 화승이 이런 방식으로 제품을 직접 디자인하고 생산하여 유통하고 있지 않고 단순히 미국 본사의 제품을 한국으로 들여와 판매하고 있었다면 KSWISS 제품에 대한 병행수입은 허용되는 것이 당연할 것이다.

상표제도의 목적은 상표와 상품과의 관계를 유지케 함으로써 상표의 오인 내지 상품의 혼동으로 인하여 발생될 부정경쟁을 방지하고, 그 혼동으로 피해를 입는 상표권자의 영업상의 신용을 보전함과 아울러, 그 상품의 거래자와 수요자를 보호하려는 데 있다. 상표는 특정한 영업주체의 상품을 표시하거나 나타내는 것으로서 그 출처의 동일성을 식별할 수 있도록 함으로써 그 상품의 품질을 보증하는 기능을 한다.

이처럼 상표의 주요 기능이 출처표시와 품질보증 기능이기 때문에 화승의 사안에서 병행수입 제품을 구매하는 소비자는 병행수입되어 판매되는 제품이 국내에서 광고 등을 통해 KSWISS 제품을 독점적으로 판매하고 있는 화승의 제품과 동일 제품일 것이라고 착각하고 구매를 할 가능성이 높아 제품출처에 대한 혼동을 할 가능성이 높고, 병행수입된 제품의 품질이 한국에서 화승이 판매하고 있는 제품의 품질과 상이할 수 있어 이는 한국에서 상표 전용사용권을 갖고 있는 화승의 전용사용권을 침해하였다고 판단한 것이다.

다) POLO 사건

일경물산 주식회사에서 미국 '더 폴로 로렌 컴퍼니'로부터 국내 전용사용권을 설정받아 등록하고 제품을 직접 제조하고 많은 비용을 들여 광고선전을 하면서 판매하고 있는 상황에서 병행수입업자가 국내로 폴로 제품을 병행수입하여 판매한 사안에서도 법원은 병행수입을 불허하였다.

1997년 10월 10일 선고된 대법원 96도2191 판결에서 대법원은 이 사안에 대하여 "국내 전용사용권자로서 등록을 마친 후 폴로 상표가 부착된 의류를 국내에서 제조·판매하면서 많은 비용을 들여 그 제품에 대한 선전·광고 등의 활동을 하여 왔고, 국외에서 판매되는 같은 상표가 부착된 의류 중에는 미합중국 외에 인건비가 낮은 제3국에서 주문자 상표 부착 방식으로 제조되어 판매되는 상품들도 적지 않으며, 일경물산과 폴로 로렌사와의 사이에는 이 사건 국내 전용사용권 설정에 따른 계약관계 이외에 달리 동일인이라거나 같은 계열사라는 등의 특별한 관계는 없음을 알 수 있는바, 사실관계가 이러하다면 국외에서 제조·판매되는 상품과 국내 전용사용권자가 제조·판매하는 상품 사이에 품질상 아무런 차이가 없다거나 그 제조·판매의 출처가 동일한 것이라고 할 수 없고, 또한 국외 상표권자와 국내 전용사용권자가 공동의 지배통제 관계에서 상표권을 남용하여 부당하게 독점적인 이익을 꾀할 우려도 적다고 할 것이므로, 이러한 경우에는 이른바 진정상품의 병행수입이라고 하더라도 국내 전용사용권을 침해하는 것으로서 허용되지 않는다"라고 판단하였다.

다. 정리

위에서 살펴본 바와 같이 병행수입해서 판매하는 제품이 위조상품이 아닌 정품 즉, 진정상품(Genuine product)인 경우에는 원칙적으로는 병행수입이 허용된다. 다만, 국내에 이미 해외 본사와는 다른 상표권자가 존재하거나 해외 본사가 국내에 상표권을 갖고 있다 하더라도 국내에 다른 전용사용권자가 존재하고 그 전용사용권자가 해외 본사의 제품을 그대로 수입해서 판매하는 것이 아니라 제품을 직접 생산하여 판매하고 있는 경우에는 해당 브랜드 제품에 대한 병행수입은 허용되지 않는다.

병행수입 제품을 판매하는 과정에서 필수적으로 수반되는 일정한 수준의 광고행위에 대해서도 허용이 되므로, 매장 내부 간판, 포장지, 쇼핑백, 선전광고물에 병행수입업자가 상표를 사용하는 것은 상표법 침해가 되지 않아 허용이 된다.

다만, 광고행위를 통해 소비자가 해당 병행수입업자가 원상표권자 또는 그 전용사용권자인 것으로 착오를 일으킬 수 있는 형태로 광고를 하는 행위, 즉 사무소, 영업소의 외부 간판 및 명함에 버버리 상표를 사용하는 상표법 침해는 되지 않지만 영업표지로 사용한 것이어서 부정경쟁방지법상 영업주체혼동행위에 해당되어 허용되지 않는다.

정품 리셀링 문제

요즘 온라인마켓에서 누구나 상품을 쉽게 판매할 수 있게 되다 보니 정품을 온라인에서 저렴하게 구매한 다음 구매한 가격에 약간의 이익을 붙여 재판매하는 경우도 많이 발생한다.

예를 들면 정식제품을 본사에서 대폭 세일을 할 때 대량으로 구매한 다음 세일기간이 끝나고 구매한 가격보다 약간 높게 재판매를 한다거나 정식제품의 묶음상품을 대량으로 구매한 다음 이를 낱개로 재판매하는 등의 사례가 많이 발생한다.

그러다 보니 브랜드기업들은 1인당 구매 개수를 제한하여 판매한다든지 하루 구매 가능 수량을 정하여 그 이상은 판매를 하지 않는 등 판매자가 구매자의 구매를 제한하는 웃지 못할 일들이 발생하기도 한다.

그렇다면 브랜드기업들은 왜 구매자가 자기의 상품을 구매하는 것을 제한하면서 이렇게 재판매를 막고자 할까?

많은 경우는 가격 때문이다. 통상 세일기간동안 제품을 대량 구매한 다음 재판매하는 판매자의 경우 브랜드기업의 본사 또는 공식매장에서 판매하는 가격보다 저렴한 가격으로 판매를 하게 된다. 그래야 사람들이 가격적인 장점에 끌려 자신들의 상품을 먼저 구매하기 때문이다.

브랜드기업 본사 입장에서는 공식매장 등을 통한 판매의 경우 일정한 가격 이하로는 판매를 하지 않는 등 판매가격을 본사 의도대로 관리하기가 용이하지만, 제품을 구매한 후 재판매하는 판매자의 경우 본사에서 전혀 가격 통제를 할 수 없기 때문에 이런 재판매 업자들이 시장에서 가격을 저렴하게 팔기 시작하면 본사에서 원하는 수준으로 제품의 가격이 관리되지 않고 시장에서의 가격이 그 이하로 내려가게 된다.

더 나아가 쿠팡과 같은 온라인마켓에서는 쿠팡에서 사입하여 판매하는 가격보다 더 낮은 가격으로 해당 제품이 판매되면 그 차액을 사입업체가 보상하는 구조로도 계약을 한다고 하고 그렇게 되면 누군가 정품을 저렴하게 구매한 후 재판매를 하면서 쿠팡의 사입제품보다 낮은 가격으로 판매를 하게 되면 그 차액만큼을 브랜드기업의 본사에서 배상을 해야 하는 경우도 발생하게 된다.

그러다 보니 브랜드기업들은 자사제품 구매자들의 구매 수량 등을 제한하면서까지 이러한 재판매를 가급적 막으려고 하는 것이고, 더 나아가서는 온라인에서 자신들의 가격보다 낮은 가격에 자사의 제품을 판매

　　　　　　　　　　　　　　　　　　온라인 짝퉁전쟁

하는 재판매자들을 어떤 방식으로든 막으려고 한다.

가. 상표법 관련 검토

이런 재판매행위를 상표법 위반으로 제재할 수 있을까? 두 가지로 나누어서 설명을 해보기로 한다.

1) 정품을 그대로 재판매

'Metrocity' 브랜드 상표권자가 통상사용권자와 상표권사용계약을 체결하며 인터넷쇼핑몰에서의 판매를 제한하였는데, 통상사용권자가 계약조건을 위반하여 인터넷쇼핑몰을 운영하는 피고인에게 시계를 공급하고 피고인이 인터넷으로 판매하였는데 검찰이 피고인이 상표권자의 동의를 받지 않고 인터넷으로 상품을 판매한 것은 상표권 침해죄에 해당한다고 기소한 사안이 있었다. 피고인은 상표권 소진 주장 및 침해 고의가 없다는 주장을 하였으나 1심과 2심 모두 유죄가 인정되었고, 상고하여 대법원에서 다시 판단한 사안이다.

대법원은 "상표권자 또는 그의 동의를 얻은 자가 국내에서 등록상표가 표시된 상품을 양도한 경우 해당 상품에 대한 상표권은 그 목적을 달성한 것으로서 소진되고, 그로써 상표권의 효력은 해당 상품을 사용, 양도 또는 대여한 행위 등에는 미치지 않는다. 한편 지정상품, 존속기간, 지역 등 통상사용권의 범위는 통상사용권계약에 따라 부여되는 것이므로 이를 넘는 통상사용권자의 상표 사용행위는 상표권자의 동의를 받지 않은 것으로 볼 수 있다. 하지만 통상사용권자가 계약상 부수적인 조건을 위반해 상품을 양도한 경우까지 일률적으로 상표권자의 동의를 받지 않은 양도행위로서 권리소진의 원칙이 배제된다고 볼 수 없고 계약의 구체적인 내용, 상표의 주된 기능인 상표의 상품출처표시 및 품질보증 기능의 훼손 여부, 상표권자가 상품 판매로 보상을 받았음에도 추가적인 유통을 금지할 이익과 상품을 구입한 수요자 보호의 필요성 등을 종합해 상표권의 소진 여부 및 상표권이 침해됐는지 여부를 판단해야 한다"라고 판시했다. (2020. 1. 30. 선고 2018도14446 판결)

이 사안에서는 단순히 인터넷 쇼핑몰에서의 판매가 완전히 금지된 것은 아니었다. 상표권사용계약상 판매를 전면 금지한 재래시장과는 달리 할인매장과 인터넷 쇼핑몰에서의 판매는 상표권자의 동의 하에 가능하여 유통이 원천적으로 금지되지도 않았고, 실제로 재고품 처리를 위한 협약서에는 피해자 회사의 직영 몰, 백화점 쇼핑몰 등 일부 인터넷 쇼핑몰에서의 판매가 허용되기도 하였다.

만약 상표사용계약에서 인터넷 쇼핑몰에서의 판매를 전면 금지하였다면 계약을 위반하여 인터넷쇼핑몰에서 상품을 판매한 통상사용권자의 상표사용행위는 상표권자의 동의를 받지 않은 양도행위로서 권리소진원칙이 배제되며 상표권을 침해하였다고 보았을 가능성을 배제할 수는 없을 것이다. 판례에서 언급한 것처럼 과연 상표권자가 상품 판매로 보상을 받았음에도 인터넷쇼핑몰에서의 판매를 금지할 이익이 있는지 그리고 인터넷쇼핑몰에서의 판매에 의해 상표의 주된 기능인 상표의 상품출처표시 및 품질보증기능이 훼손되는 것인지 종합해서 사안별로 판단해야 할 것으로 보인다.

2) 소분판매

법원은 "상표권자 내지 정당한 사용권자(이하 상표권자 등이라고 한다)에 의해 등록상표가 표시된 상품을 양수 또는 수입한 자가 임의로 그 상품을 소량으로 나눠 새로운 용기에 담는 방식으로 포장한 후 그 등록상표를 표시하거나 위와 같이 등록상표를 표시한 것을 양도했다면, 비록 그 내용물이 상표권자 등의 제품이라 하더라도 상품의 출처표시 기능이나 품질보증 기능을 해칠 염려가 있으므로 이러한 행위는 특별한 사정이 없는 한 상표권 내지 전용사용권을 침해하는 행위에 해당한다"라고 판시한 바 있다. (대법원 2012. 4. 26. 선고 2011도17524 판결)

따라서 사들인 정품을 소분해 새로운 용기에 담는 방식으로 포장하여 다시 판매하면서 거기에 상표를 사용한다면 상표권 침해에 해당할 가능성이 높고 본사에서 해당 상품들에 대한 판매금지 등을 요청할 수 있다고 봐야 한다.

그런데, 이런 소분판매가 아니라 세일 기간 동안 대량 묶음상품으로 저렴하게 제품을 구입한 후 이를 낱개 제품으로 판매하는 경우에는 낱개 제품 각각이 독립거래가 가능한 상품이고 새로운 용기에 담았다거나 하는 등 상품에 어떤 변형을 가한 것도 아니어서 이 경우에는 상표권 침해를 주장하기는 어려워 보인다.

나. 부정경쟁방지법 관련 검토

다음은 부정경쟁방지법 관점에서 정품의 재판매에 대해 검토해 본다.

버버리 판례에서 법원은 매장 내부 간판, 포장지 및 쇼핑백, 선전광고물은 영업표지로 볼 수 없거나 병행수입업자의 매장이 마치 대리점인 것처럼 오인하게 할 염려가 없다고 보아 이 사건 표장의 사용이 허용되는 반면에, 사무소, 영업소, 매장의 외부 간판 및 명함은 영업표지로 사용한 것이어서 이 사건 표장의 사용이 허용될 수 없다고 판단하였다.

프랑스 브랜드인 "아벤느"에 대한 중국인민법원 판례에서도 피고가 온라인에서 아벤느 정품을 판매했고 상품의 합법적 출처가 인정되므로 피고가 웹사이트에 등록상표를 사용한 행위는 상표권 침해에 해당하지 않지만, 피고가 웹사이트에 아벤느 공식홈페이지라는 걸 강조한 점, 원고 홈페이지에 있는 일부 사진과 문구를 무단으로 사용한 점은 부정경쟁행위에 해당한다고 판시하면서, 피고가 무단으로 원고의 공식홈페이지에 있는 사진과 소개 문구 일부를 도용했으며, 피고의 이러한 등록상표 사용은 일반 대중으로 하여금 피고의 온라인 판매가 원고와 사업적으로 연관이 있거나 원고와 피고가 사용허가계약을 체결한 것으로 오

인·혼동할 수 있으므로 신의성실원칙에 위배됨과 동시에 일반적인 상
도덕에 어긋난다"라고 하였다.

결국 정품을 판매하더라도 상표법 침해와는 별개로 해당 정품의 재판
매자가 일반 대중으로 하여금 본사와 사업적으로 연관이 있어 보이거나
상표가 일종의 영업표지로서 사용된 것이라면 이것은 부정경쟁방지법
영업주체 혼동행위가 될 수 있다고 볼 수 있다.

먼저, 이커머스가 성장하고 또 복잡하고 정교해지면서 다양한 판매방
식이 생겨나고 있고 그 과정에서 정품을 재판매하는 다양한 판매방식들
이 나타나고 있는데, 이것들이 단지 정품이라는 이유로 시장에서 본사
의 어떤 관리도 될 수 없는 상태에서 무분별하게 판매되는 것에 대해서
는 제도 또는 법률적인 보완을 통해 관리가 필요해 보인다.

물론 공정한 거래질서를 만들고 시장의 경쟁질서를 헤치지 않도록 하
여 거래당사자들을 보호하고 나아가 시장의 수요자들이 보호되어야 하
는 것은 당연히 필요하다. 그런데 현재의 법률체계가 이러한 경쟁질서
를 확립하고 수요자들을 보호하는데 최선의 구조인지 그리고 급변하고
있는 이커머스 생태계에서 유연하게 대처해가고 있는지에 대해서는 의
문이 든다.

정품 재판매의 경우 여러 문제를 야기할 수 있다.

1) 사실상 미개봉 제품과 유사

정품 리셀러들이 판매하는 제품은 정품은 맞지만 사실상 중고거래시장에서 거래되는 미개봉 제품과 동일한 것이다. 어찌보면 중고거래시장에서 거래되는 미개봉 제품이라는 것들도 사용하려고 구매했는데 다시 판매를 하는 것이 아니라 처음부터 미개봉 제품으로 판매할 목적으로 구매해서 재판매하는 경우도 많은 것으로 보인다.

그런데 미개봉 제품은 소비자들이 본사가 아니라 누군가가 한번 구입한 상품을 내가 다시 구매하는 것이라는 것을 명확하게 인지한 상태에서 제품을 구입하지만, 현재 온라인 정품 재판매의 경우 소비자들은 본사에서 판매하는 것인지 아니면 누군가가 정식 유통채널이 아니라 개인 구매나 불법적인 유통경로를 통해서 확보한 다음 이것들을 판매하는 것인지 명확히 구분하기가 어려울 수 있다.

이러한 제품을 구매하였을 때 추후 제품에 하자가 있어서 반품을 한다거나 AS를 받고자 할 때 본사의 정식유통채널을 통해 구입하는 것과 비교할 때 상당한 불이익이 발생할 수 있음에도 불구하고 제품의 구매과정에서는 이러한 것들에 대한 정보가 전혀 제공되지 않는 상태에서 구매가 진행된다.

결국 소비자는 미개봉 제품 내지 리셀링 제품을 마치 본사의 정식 온라인스토어에서 구매하는 걸로 착각하고 구매하게 되는 것이다.

오프라인에서는 특정 브랜드의 정식 매장과 여러 브랜드의 제품들을 하나 또는 몇 개씩 구매한 후 이것들을 모두 한곳에 모아 판매하는 매장이 있다면 소비자들은 이 두 매장을 명확하게 구분할 것이다. 그리고 만약 두 매장에서 모두 특정 브랜드의 제품을 판매하고 있다면 소비자들은 해당 브랜드의 정식 매장에서 구매를 할 것인지 아니면 여러 브랜드 제품들을 모아서 판매하고 있는 매장에서 그 제품을 구매할 것인지를 판단한 후 구매를 할 것이고 이 두 매장이 어떻게 다르고 또 둘 중 어디에서 제품을 구매했을 경우 어떤 장점과 단점이 있을지에 대해 어느 정도 예측이 가능한 상태에서 제품을 구매하게 된다.

그런데 온라인에서는 이렇지가 않다. 구매자는 정식스토어와 리셀러 스토어가 명확하게 구별되지도 않고 그렇기 때문에 내가 지금 본사의 제품을 직접 구매하는 것인지 아니면 누군가가 한번 구매한 다음 재판매하는 상품을 구매하는 것인지 전혀 인식하지 못한 상태에서 제품을 구매하게 된다. 이것은 공정한 거래질서가 아니라고 볼 수도 있으며 소비자들은 제품이나 판매자에 대한 충분한 정보가 제공되지 못한 상태에서 제품에 대한 불완전한 정보를 기반으로 제품을 구매하는 결과가 된다.

2) 상세페이지나 제품 이미지사진 문제

리셀러들은 보통 본사의 온라인 공식스토어의 제품 상세페이지를 그대로 가져다 사용하거나 아니면 본사의 온라인 공식스토어에서 사용하는 이미지사진을 가져다 사용하는 경우가 많다. 이 경우에는 본사의 사진저작물이나 편집저작물에 대한 저작권 침해 이슈가 발생하기도 한다.

그러다 보니 어떤 리셀러들은 본사의 온라인 공식스토어나 본사의 자사 쇼핑몰에 올라와 있는 제품사진들을 사용하지 않고 자신들이 직접 촬영한 사진을 게재하여 상품을 판매하기도 한다.

그런데, 이처럼 리셀러들이 직접 해당 제품을 촬영하여 제품 상세페이지에 게재하는 것은 오히려 본사의 상세페이지를 그대로 가져다가 게재해서 판매하는 경우보다 더 큰 문제를 야기한다.

리셀러가 찍은 브랜드 제품 사진을 보고 소비자들은 그 사진이 본사에서 찍은 사진 제품 이미지사진으로 인식할 가능성도 있다. 다른 배경 등이 없이 제품 자체만을 찍은 사진일 경우 소비자들은 그 제품을 구매한 다음 누군가가 그 제품의 실물 사진을 찍어서 올린 것이라고 생각할 것이다. 위에서 말한 미개봉 제품의 경우에도 미개봉 제품 판매자가 해당 실물 제품을 고성능 카메라가 아니라 자신의 휴대폰으로 찍어서 올리는 경우가 많은데 이 경우 소비자들은 그 사진이 해당 실물 사진을 판매자가 직접 휴대폰으로 찍어서 올린 사진이라는 것을 충분히 예측할 수 있다.

　　　　　　　　　　　　　　　　　　　　온라인 짝퉁전쟁

그런데 제품 자체의 실물 사진이 아니라 만약 제품을 돋보이게 하거나 멋있는 분위기를 연출하기 위한 주변의 장식이나 다른 물건들과 함께 촬영하여 상품페이지에 게재하여 사용하는 경우 즉 소위 '이미지사진'이라고 하는 형태로 고퀄리티의 사진을 게재하는 경우 소비자들은 해당 사진을 보고 해당 판매자가 직접 실물을 휴대폰으로 촬영하여 게재한 사진이 아니라 해당 브랜드의 공식 이미지사진인 것으로 착각할 수 있다.

이렇게 되면, 마치 시장에서는 해당 제품에 대해 새로운 상세페이지가 브랜드 본사가 아닌 누군가에 의해 만들어져 온라인 상에서 제품이 유통되는 것과 유사한 결과를 낳게 되고 시간이 지나면서 이 새롭게 만들어진 상세페이지 역시 해당 제품의 공식 상세페이지 또는 공식이미지 중 하나인 것으로 소비자들에게 인식되는 결과를 낳게 될 수 있다.

문제는 본사의 의도나 브랜드 컨셉하에 관리되지 않는 전혀 새로운 제품 상세페이지가 만들어져 시장에서 지속적으로 유통되면 소비자들은 이 제품이 마치 본사에서 판매하는 제품인 것처럼 인식하게 되고 본사의 브랜드 컨셉 및 브랜드 관리정책과 맞지도 않고 본사와 무관한 브랜드 콘텐츠가 만들어져 확산되면서 본사의 브랜드 관리를 어렵게 만들고 결과적으로 브랜드 이미지가 훼손되는 결과를 낳는다는 것이다.

이처럼 중고거래시장에서 미개봉 제품을 판매하는 것과 쿠팡이나 네이버쇼핑과 같은 오픈마켓에서 리셀러들에 의해 정품이 판매되는 것은 유통방식은 비슷하지만 소비자들이 인식하는 방향과 브랜드를 관리하는 본사에서 받게 되는 브랜드 이미지 훼손에 있어서 큰 차이를 갖게 된다.

나아가 정품 리셀링을 하면서 제품의 QR코드나 고유일련번호를 지우거나 교묘하게 제거하여 판매되는 경우가 많다. 리셀러들이 자신들이 제품을 확보한 경로를 숨기기 위해 일부러 QR코드나 고유일련번호를 지운 다음 판매를 하는 것인데 이렇게 되면 리셀링 제품을 구매한 소비자들이 제품 고장으로 A/S를 받거나 제품이상으로 교환/환불을 하는 과정에서 본사 또는 정식 유통채널에 있는 판매자들에게 정상적인 서비스를 받기 어려운 상황이 발생할 수도 있다.

이 문제 역시 소비자들은 본사의 온라인 공식스토어에서 판매하는 제품과 이러한 리셀러들에 의해 판매되는 제품들이 추후 A/S나 교환/환불 과정에서 불이익이 발생할 수도 있다는 점을 전혀 알지 못한 상태에서 해당 제품이 리셀러들에 의한 판매인지 여부도 모른 채 구매를 하게 된다는 점에서 소비자들에게 예상치 못한 피해를 야기할 수 있는 문제가 있다.

3) 향후 판례 또는 제도적인 보완 필요

이상 살펴본 바와 같이 정품 재판매는 기존 법령이나 판례들을 통해서는 판매자와 구매자 그리고 브랜드 보유기업 간의 이해관계를 합리적이면서도 적정한 방식으로 조정하기에는 부족한 면이 있어 보인다. 리셀리들은 상표권 소진을 근거로 별다른 제재를 받지 않고 정품을 재판매하면서 브랜드 보유기업들의 브랜드 이미지 관리에 어려움이 발생하고 있다. 상표권을 과도하게 보호함으로써 자유로우면서도 공정한 상거래가 위협받게 되는 것도 문제이지만 상표권에 대한 소극적 보호로 인해 브랜드 보유기업들의 브랜드 이미지가 훼손되고 더 나아가서는 기업활동이 위축되는 것 또한 문제이다. 소비자들이 예상치 못한 피해를 입을 수 있다는 점도 고려하여야 한다. 향후 정품 재판매행위에 대해 학계에서의 연구 또는 다양한 판례를 통해 브랜드 관리에 어려움을 겪고 있는 기업들의 고통이 해소될 수 있게 되기를 바라 본다.

명품 리폼이 상표권 침해?

명품 가방을 구매한 그 가방을 리폼하여 새로운 제품으로 만들어 사용하는 것이 문제가 될까?

명품 업체들은 자신들의 브랜드가 훼손되는 것을 방지하기 위해 많은 노력을 기울인다. 예를 들어 샤넬노래방이나 버버리노래주점과 같이 전혀 관련성이 없는 분야에 샤넬이나 버버리와 같은 자신들의 이름을 사용한 것에 대해서 부정경쟁행위로 소송을 제기하여 이러한 사용을 저지하기도 한다.

얼마 전에는 명품을 구매한 후 이를 재판매하는 것을 금지하는 내용 등을 약관에 포함시킨 나이키와 샤넬에 대해 공정위가 이를 불공정약관으로 보고 소비자들의 온라인 명품 선호 및 리셀시장 활성화 과정에서 소비자 피해를 막기 위해 불공정약관을 시정하였다고 발표하기도 하였다.

명품을 리폼하여 사용하는 것에 대해서도 명품 업체들은 브랜드 보호 또는 소비자 보호를 이유로 이를 막기도 한다.

하지만 내가 구매한 가방을 내가 수선하거나 리폼해서 사용하는 것을 명품업체들이 막을 수는 없는 일이다. 상표법적으로도 일단 제품이 판매되고 나면 해당 제품에 대해서는 상표권이 소진된다고 보기 때문에 구매한 제품을 구매자가 리폼해서 사용하는 것에 대해 명품업체가 관여하거나 이를 금지시킬 수 없다.

하지만 구매자가 아니라 리폼 업체에서 명품 가방 등을 리폼해 주는 것에 대해서는 구매자가 직접 리폼해서 사용하는 것과는 달리 보아야 한다. 2024년 10월 선고된 특허법원 판례에서는 리폼 업체의 명품 리폼 행위는 상표권 침해에 해당하므로 허용되지 않는다고 하였다. 참고로 해당 판례는 2023년 10월 12일에 서울중앙지방법원에서 선고된 2022가합513476 상표권침해금지 사건에 대한 항소심 판결이다.

이하에서는 특허법원 판례에 대해 구체적으로 살펴보고자 한다.

가. 사건의 개요

원고인 'L'사는 아래 두 등록상표에 대한 상표권자이다.

 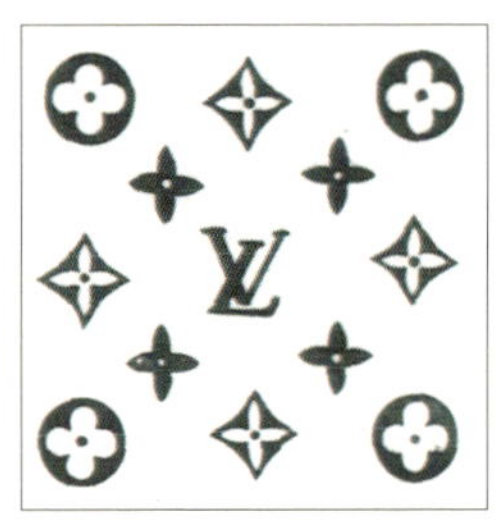

피고 'D'는 가방, 지갑 등의 수선 및 제작업을 영위하고 있고, 2017년
경부터 2021년경까지 소유자들의 주문에 따라 일정한 대가를 받고 가
방을 그 소유자들로부터 건네받아 그 원단, 금속 부품 등을 원자재로 이
용하여 리폼된 가방과 지갑을 제작하여 주문자에게 인도하였다.

 온라인 짝퉁전쟁

이에 원고는 피고가 원고의 상표권을 침해하였다고 주장하여 소송을 제기하였고 1심인 서울중앙지방법원 판결에서는 상표권 침해를 인정하였고, 피고가 항소하여 특허법원에서 다시 상표권 침해에 대한 다툼이 다시 진행되었으나 특허법원에서도 역시 피고가 원고의 상표권을 침해하였다고 판결하였다. 특허법원 판결에서 주요 쟁점이 되었던 사항들은 아래와 같다.

나. 주요 쟁점 사항들

1) 리폼 후 제품의 상품성

상표법 제89조에서는 "상표권자는 지정상품에 관하여 그 등록상표를 사용할 권리를 독점한다."라고 규정하고 있다.

'상표의 사용'이라 함은 상품 또는 상품의 포장에 상표를 표시하는 행위를 말하는데, 여기에서 말하는 '상품'은 그 자체가 교환가치를 가지고 독립된 상거래의 목적물이 되는 물품을 의미한다. 상표권 침해가 되기 위해서는 '상표의 사용'이 전제되어야 하고 여기서 상품이란 독립 거래의 대상이 되어야 한다는 것인데, 이번 특허법원 판결에서 법원은 리폼 후 제품이 그 자체가 교환가치를 가지고 독립된 상거래의 목적물이 되는 물품으로서 상표법 제2조 소정의 '상품'에 해당한다고 판단하면서 아래와 같이 그 이유를 밝혔다.

① 이 사건 리폼 후 제품은 지갑 및 가방으로서 그 자체로 교환가치가 있다.

② 저명한 상표가 표시된 고가의 상품(이른바 '명품')은 리폼한 후에도 중고시장에서 거래되고 있으므로, 이 사건 리폼 후 제품도 중고시장에서 유통될 가능성이 충분하다. 실제로 원고 가방을 리폼한 제품을 판매한다는 글이 인터넷 중고거래 사이트에 게시된 예들이 있다.

③ 이 사건 리폼 후 제품이 중고시장에서 거래되었다는 직접적인 증거는 없으나, 상표법 제2조 제1항 제11호의 규정에 의하면, 상품을 양도하거나 인도하지 않더라도 '상품 또는 상품의 포장에 상표를 표시하는 행위'만 하더라도 '상표의 사용'에 해당하므로, 상표법 제2조 소정의 상품에 해당하려면 그 물품 자체가 객관적으로 교환가치를 가지고 장차 독립된 상거래의 목적물이 될 수 있으면 충분하고, 실제로 상거래가 이루어져 그것의 점유 또는 소유권이 타인에게 이전된 후에 비로소 상품에 해당하는 것은 아니다.

④ 상표가 표시된 상품이 대량으로 생산되었는지(양산성) 여부와 상관없이 상표의 출처표시기능은 보호되어야 하므로, 상표법에서 말하는 상품에 해당하기 위하여 대량으로 생산되어야 하는 것은 아니고 계속성·반복가능성이 있는 경우 단지 1개만 생산되더라도 상품에 해당할 수 있다.

2) 상표를 사용하였는지 여부

리폼 제품의 경우 리폼업자가 리폼 제품에 따로 상표를 표시하거나 부착하지는 않는다. 그렇다면 리폼업자인 피고의 리폼 제품이 과연 원고의 상표를 사용하였다고 볼 수 있는지에 대하여 법원은 "기존의 상품을 활용하여 새로운 상품을 생산하면서 새로 상표를 제작하여 부착하는 대신 기존 상품의 상표 부분을 새로운 상품에 그대로 사용할 경우(예, 원단에 상표가 표시되어 있는 기존의 가방을 원자재로 활용하여 새로운 가방을 생산하면서 기존 가방의 원단에 표시된 상표 부분을 그대로 사용하는 경우), 기존의 상표가 새로운 상품의 출처를 표시하는 이상 위 행위는 '상품에 상표를 표시하는 행위'에 해당한다."라고 판단하였다.

법원은 직접 'FUJIFILM'이라는 상표를 1회용 카메라에 부착한 것이 아니라 이미 사용된 'FUJIFILM'이라는 상표가 표시되어 있는 1회용 카메라를 회수하여 위 'FUJIFILM'이라는 상표를 제거하거나 가리지 아니한 상태에서 새로운 1회용 카메라를 생산하여 판매한 경우에도 이러한 행위를 'FUJIFILM' 상표의 사용 행위로 판단한 대법원의 판례(대법원 2003. 4. 11. 선고 2002도3445 판결)를 인용하기도 했다.

3) 상표권 소진 여부에 대하여

상표권자가 등록상표가 표시된 상품을 판매 등을 통해 양도하였다면, 특별한 사정이 없는 한 해당 상품에 대한 상표권은 그 목적을 달성한 것으로서 소진되고, 그로써 상표권의 효력은 해당 상품에 대하여는 소멸하는 것이 원칙이다.

하지만 법원은 이번 사안에서 "원래의 상품과의 동일성을 해할 정도의 가공이나 수선을 하는 경우에는 실질적으로 생산행위를 하는 것과 마찬가지이므로 이러한 경우에는 상표권자의 권리를 침해하는 것으로 보아야 할 것"이라고 하면서, 이 사건 리폼 전 제품에 표시된 이 사건 상표들의 상표권이 소진되었다고 가정하더라도 이 사건 리폼 후 제품은 아래와 같은 이유로 동일성을 해할 정도의 가공을 통해 실질적으로 새로운 상품을 생산한 경우에 해당하여 상표권 침해에 해당한다고 하였다.

① 이 사건 리폼 전 제품은 해체 후 원단 등이 절단되어 원상복구가 불가능하게 되는 순간 종전의 상품 가치는 없게 되는 점

② 이 사건 리폼은, 리폼 전 제품의 부품을 원자재로 사용하여 물리·화학적 처리, 박음질, 부품들의 부착, 내부 라벨의 부착 등의 공정을 거쳐 리폼 전 제품과는 완전히 다른 새로운 제품을 만드는 행위인 점

③ 이 사건 리폼 전 제품과 이 사건 리폼 후 제품을 비교하면, 개수, 크기, 용적, 모양, 형태, 기능 등이 현저하게 차이가 나는 점

온라인 짝퉁전쟁

상표 무단선점

가. 위조상품도 문제인데 상표 무단선점까지

위조상품 모니터링과 단속을 하다 보면, 위조상품의 피해뿐만 아니라 오히려 위조상품을 판매하는 불법판매자가 상표권을 특정 국가에서 먼저 선점하여 정품 판매를 불가능하게 하는 웃지 못할 황당한 일들이 발생하기도 한다.

이런 일이 발생하면 정품을 판매하는 브랜드기업 입장에서는 위조상품으로 피해를 입는 것도 화가 나는 마당에 중요한 해외 시장에서 상표권이 무단으로 선점되어 해당 국가에서 자사의 상품을 판매하는 길조차 막히는 상황이 되다 보니 정말이지 극도로 고통스럽고 울화가 치미는 지경에 이르게 된다.

실제로 위조상품 모니터링 서비스를 하다 보면 이런 상황들을 종종 마주치게 된다. 그러면 그때부터는 위고페어 서비스의 제공자로서가 아니라 변리사로서 해외 지식재산권 제도 검토 및 해외 지식재산 전문가를 통한 분쟁 해결을 도와주는 역할을 하게 되기도 한다.

나. 상표권 무단선점 사례들

1) 상표권 무단선점이란?

상표 무단선점이란 국내 기업이 먼저 출원·등록했거나 사용한 상표를 해외에서 정당한 권한이 없는 자가 먼저 상표를 출원·등록하는 상표 가로채기를 말한다.

통상적으로 상표의 선점은 부당한 이익을 얻으려 하거나 특정인에게 손해를 입히려고 하는 등 부정한 목적을 갖고 하는 경우가 많지만 항상 그런 것은 아니고 어떤 경우에는 그러한 부정한 목적 없이 우연히 동일한 상표가 타인에 의해 출원되는 경우도 있기 때문에 동일한 상표가 해외 어느 국가에서 출원되어 있을 경우에는 과연 무단 선점된 상표인지 아니면 정당한 자가 부정한 목적이 없이 우연히 먼저 출원을 하게 된 상표인지를 파악해야 한다.

한국 특허청에 출원된 상표는 한국 내에서만 권리가 미치며 다른 나라에서는 어떤 권한도 가질 수 있다. 따라서 상표 보호를 원하는 국가가 있다면 그 나라에도 별도로 상표출원을 하여 등록을 받아야만 한다. 그리고 한국에 상표가 출원 또는 등록되어 있다고 하더라도 해외에서는 누구든지 동일한 상표를 출원하여 등록받는 것이 가능하다. 해당 국가에서는 그 국가 특허청에 등록되어 있는 선행상표만을 검토하여 상표등록 여부를 결정하기 때문이다.

2) 상표권 무단선점의 유형

상표의 무단선점은 몇 가지 형태로 나타날 수 있으며, 그 유형은 아래와 같다.

① 상표 출원·등록을 하지 않은 상태에서 타인이 가로채 먼저 동일·유사한 상표를 출원한 경우

이 경우가 가장 심각한 문제를 야기하는 유형인데, 이 경우에는 해당 국가에서 아예 상품 판매가 불가능할 수도 있기 때문이다. 일명 상표 브로커라는 사람들이 해당 브랜드가 한국에서는 꽤 유명한데 아직 현지 국가에 상표출원이 안 되어 있는 것을 확인하고 상표를 선점한 후 나중에 해당 브랜드가 그 국가에 진출할 때 상표권을 기반으로 해당 브랜드의 사용을 저지하면서 상표의 양수를 유도한 후 고가로 해당 상표를 팔기 위한 부정한 목적으로 상표를 선점하는 경우이다.

또는 해당 국가에서 정식 브랜드기업의 제품을 수입하여 판매하던 자가 해당 상표를 먼저 출원해 놓는 경우도 많이 발생한다.

② 어떤 상품에 상표등록을 했는데 타인이 다른 상품에 상표를 출원
한 경우

예를 들어 국내 기업이 의류(25류)에 상표출원을 했는데 제3자가 신
발(25류), 가방, 핸드백(18류), 선글라스(9류) 등 다른 패션 관련 상품에
상표를 출원하여 권리를 선점하는 경우이다. 통상 브랜드기업들은 모
든 지정상품류에 해외 상표출원을 하는 것이 비용적으로 부담스러워 일
부 상품류에 대해서만 상표출원을 하는 경우가 많다. 또는 자신이 주력
으로 판매하는 상품들에 대해서만 우선적으로 상표출원을 하는 경우도
많다. 이렇게 되면 브랜드기업이 미처 상표권을 확보해 놓지 않는 다른
상품류 특히 상표출원을 해놓은 상품류와 매우 밀접한 관련이 있는 상
품들에 타인이 먼저 상표출원을 하여 상표를 선점하는 일이 발생하게
된다. 또는 현재는 해당 브랜드기업이 사업을 전개하고 있지 않지만 향
후 사업을 전개할 가능성이 있을 것으로 예측되는 상품들에 대해 상표
출원을 하여 상표를 선점하기도 한다. 브랜드기업 입장에서는 현재는
해당 상품류에 대하여 사업을 전개하고 있지는 않지만 자사의 브랜드
가 어떤 상품류에 대하여 상표가 선점되어 향후 혹시라도 자신들이 해
당 분야에 사업 진출을 하게 되었을 때 자사의 브랜드를 사용하지 못하
게 된다는 것을 알게 되었을 때에는 심리적으로 상당히 불편할 뿐만 아
니라 사업적으로도 상당한 잠재 리스크를 안고 있는 상황이 된다.

③ 어떤 상품에 상표등록을 했는데 타인이 그 상품과 관련이 있는 서
비스업에 상표를 출원한 경우

상표법상 지정상품류는 크게 상품과 서비스로 구분되어 있다. 지정상품류 제1류부터 제34류까지는 상품에 대한 분류이고 제35류부터 제45류까지는 서비스업에 대한 분류이다. 그런데 상품과 서비스업이 밀접하게 관련되어 있는 경우가 있다. 예를 들면 제35류의 판매업의 경우 상표출원 시 지정서비스업 명칭을 단순히 판매업이라고 하지 않고 구체적으로 판매하는 상품을 특정하여 출원을 하게 된다. 예를 들면 화장품 도매업, 화장품 소매업 이런 식으로 상품을 특정하여 서비스업을 지정하게 된다. 이럴 경우 우리나라에서는 화장품(3류)과 화장품판매업/광고업(35류)의 유사성이 인정되어 A라는 사람이 화장품에 대해 상표출원을 해 놓은 경우 동일한 상표에 대하여 B가 화장품 판매업이나 화장품 광고업에 대해 상표출원을 하면 A와 B의 상표출원은 지정상품이 서로 밀접한 관련이 있다고 보아 B의 상표출원은 등록을 받을 수 없다. 하지만 중국은 우리나라와 달라서 화장품 판매업에 대해 동일한 상표를 출원한 B도 상표등록을 받을 수가 있다. 따라서 우리나라 기업이 화장품(3류)에 상표등록을 받았더라도 제3자가 화장품 관련 광고업(35류)에 등록을 받아 화장품의 판매나 광고를 방해할 수가 있다.

2023년 7월 특허청은 중국 및 동남아(베트남, 태국, 인도네시아) 지역에서 최근 4년간('19~'22) 발생한 우리기업의 해외 상표 무단선점 정보 수집자료 분석결과를 발표하였다.

조사기간 동안 해당 국가에서 출원된 상표를 전수 조사하여 국내에 출원·등록된 상표와 비교 분석하고, 중국·베트남('19~), 태국('20~), 인도네시아('21~)의 해외 상표 무단선점 정보수집 자료 15,692건을 분석하여 그 결과를 발표하였는데, 피해상표의 규모가 3,923건이나 되는 것으로 분석되었다. 특히 화장품, 전자기기, 의류 등의 분야에서 상표 무단선점 사례가 많은 것으로 분석됐다.

무단선점 유형의 경우 동일업종-동일상표 유형이 69.5%(중국 56.3%, 동남아 지역 80% 이상)로 가장 많았고, 중국의 경우에는 다른 업종에서 동일·유사상표를 사용한 경우도 27.4%로 높게 나타났다.

다. 무단선점 이유

이렇게 상표를 무단으로 선점하는 이유는 다양하겠지만 대표적인 이유를 정리해보면 아래와 같이 분류해 볼 수 있을 것이다.

① 상표권을 고가에 양도하는 등 부당한 이익을 얻으려는 경우(상표 브로커)

② 경쟁 관계에 있는 국내 기업의 현지 진출을 방해하려는 경우

③ 국내 기업의 상품 또는 서비스를 수입하거나 또는 라이선스를 받으려는 자 등이 유리한 조건으로 협상하기 위한 경우

④ 한류 현상에 편승하려고 상표 또는 상품의 형태나 포장 디자인 등을 모방한 경우

⑤ 당초에는 선의로 출원·등록을 했지만 계약 종료 등 사정변경이 있

온라인 짝퉁전쟁

는데도 상표를 반환하지 않는 경우(합작법인, 수입업자)

이처럼 상표의 선점은 부당한 이익을 얻으려 하거나 특정인에게 손해를 입히려고 하는 등 부정한 목적을 갖고 할 수도 있지만, 우연의 일치로 발생할 수도 있기 때문에 상표 선점의 유형과 출원인의 의도를 잘 파악하는 것도 중요하다.

라. 상표권 무단선점에 대한 대응 방법

그렇다면 이렇게 상표를 선점당한 경우 어떻게 대응을 해야 할까?

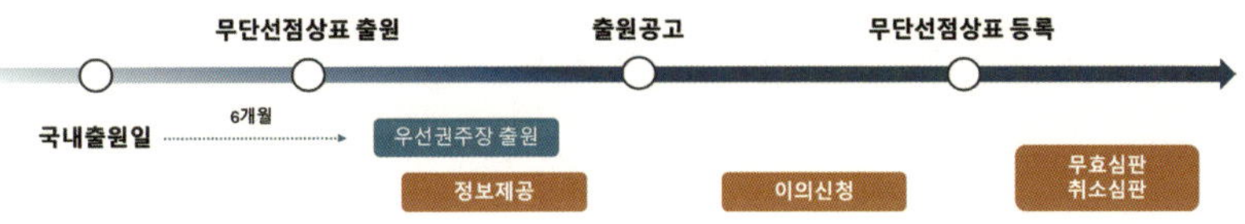

무단선점 상표에 대한 대응은 현재 무단선점된 상표가 심사단계에 있는지 아니면 이미 등록이 되어 있는 상태인지, 그리고 심사단계에 있다 하더라도 출원공고 이전인지 이후인지 등에 따라 대응할 수 있는 방법들이 달라진다.

1) 우선권 주장 상표출원

대부분의 국가는 타국에 출원한 상표가 그 출원일(제1국 출원일)부터

6개월 이내에 자국에 상표출원을 하면 제1국 출원일에 자국에 출원된 것과 같은 우선적인 효력을 인정하는데 이것을 조약우선권이라고 한다.

따라서 우리나라에서의 상표출원일로부터 6개월 이내에 무단선점 상표를 발견했다면 신속하게 해당 국가에 상표출원을 하면서 조약우선권을 주장하면 간단하게 문제를 해결할 수 있다.

2) 정보제공

우선권 주장 출원 기간(6개월)이 경과한 경우에는 다른 대안을 찾아야 한다. 정보제공은 심사관에게 선행상표 또는 해당 상표가 무단선점 상표라는 정보를 제출하여 해당 상표의 심사 시 참고해 줄 것을 요청하는 제도인데, 우리나라와 미국은 출원공고 전이라도 이러한 정보제공 절차를 이용하여 심사관에게 상표등록을 거절하라는 취지의 서면을 제출할 수 있다. 하지만, 다른 국가들은 이러한 제도가 없다.

3) 이의신청

대부분 심사관이 상표출원을 심사하여 거절 이유가 없다고 판단되면 출원공고를 하고, 일정기간 동안 제3자로 하여금 이의신청을 제기할 수 있는 기회를 부여한다(간혹 등록 후에 이의신청의 기회를 주는 경우도 있음). 참고로 우리나라의 경우 이의신청 기간은 출원공고일로부터 2개월이고, 중국은 3개월, 태국은 60일, 베트남은 5개월이며, 국가마다 이의신청 기간 및 이의신청을 할 수 있는 주체가 상이하다.

4) 상표등록 무효심판

무단선점 상표가 등록된 경우에는 무효심판을 청구해서 다툴 수 있다. 무효심판은 상표등록의 효력을 소급하여 소멸시키는 것이므로, 가장 강력한 대응 수단이 될 수 있다.

국가별로 무효사유가 다르며, 청구인 자격에 제한이 있을 수 있고, 등록일부터 소정의 기간(대개는 5년)이 경과하면 심판을 청구하지 못하는 제척기간 등의 제한이 있을 수 있으므로 국가별로 검토하여 대응하여야 한다.

무단선점에 대한 상표 무효심판에서 대표적인 무효사유로 들 수 있는 것이 해당 국가에서 대리점이나 에이전트 등 특수관계인이었던 자가 본사의 동의 없이 무단으로 상표를 출원하여 선점하는 경이다. 중국 상표법 제5조에서는 "대리인이나 대표자가 수권을 받지 않고 자기의 이름으로 피대리인 또는 피대표자의 상표에 대하여 등록을 진행하고, 피대리인 또는 피대표자가 이의를 신청한 경우에는, 등록을 불허하고 사용을 금지한다."라고 규정하고 있다. 따라서 중국에서 사업을 전개하는 과정에서 협력 파트너였던 에이전트나 대리점 관계에 있던 자가 상표를 무단선점하였다면 무효심판을 통해 무단 선점된 상표를 되찾아 올 수 있다.

5) 불사용 취소심판

대부분의 국가에서는 상표가 등록되었지만 일정한 기간 동안 해당 국가 내에서 사용되지 않은 경우에는 그 등록을 취소할 수 있는 규정을 두고 있으며, 우리나라도 마찬가지이다.

무단선점 상표는 상표를 사용하기 위한 목적보다는 상표권 매각을 통해 부당한 이익을 얻거나 경쟁사 진출을 막기 위한 방어적 목적으로 출원되는 경우가 많기 때문에 등록 후 사용되지 않는 경우가 적지 않다. 따라서 무효심판으로 대항이 곤란한 경우 또는 무효심판을 청구하면서 동시에 불사용을 이유로 하는 등록취소를 청구하여 무단선점 상표를 제거할 수 있다.

불사용을 원인으로 한 취소 사건에서는 상표권자가 상표의 사용 사실을 입증해야 하기 때문에 청구인의 부담이 적은 장점이 있다. 한편, 등록취소는 국가별로 불사용 인정기간(3년 또는 5년 등)과 청구인 자격이 다를 수 있기 때문에 이 또한 국가별로 검토하여 대응하여야 한다.

  온라인 짝퉁전쟁

세관신고를 통한 위조상품 단속

가. 지식재산권 세관신고 개요

공들여 만든 제품 또는 브랜드를 지키기 위해서는 지식재산권으로 등록할 필요가 있고, 이런 지식재산권을 침해하는 일이 발생하면 소송 등을 통해 자신의 제품과 브랜드를 보호해야 한다. 지식재산권 침해 제품은 어느 한 국가에서만 머무르지 않고 국경을 넘어 여러 나라로 확대되어 가는 경우가 많다. 이 경우 국경을 넘나드는 지식재산권 침해를 막고 내 제품과 서비스를 보호하는 대표적인 방법이 지식재산권 세관신고이다.

해외에서 유입되는 지식재산권 침해 제품이 국내에서 유통되기 전인 통관단계에서의 세관 국경조치가 가장 효율적인 지식재산권 보호 방법 중 하나이며 수출입 통관과정상 보호를 위해 관세법 235조에 따라 지식재산권(상표권, 저작권, 품종보호권, 지리적표시(권), 특허권, 디자인권)

을 세관에 신고하도록 하고 있다.

세관신고가 되어있지 않은 경우 권리관계, 지정상품, 병행수입 가능 여부 등을 알 수 없어 통관단계에서 효율적인 보호가 불가능하기 때문이다.

지식재산권 급증 및 세관인력 한계 등으로 지식재산권 세관보호를 위한 신고·심사·관리업무를 관세법에 따라 "(사)무역관련 지식재산권 보호협회(TIPA)"에서 위탁수행하고 있으며, 업무의 효율성 제고와 신고자 편의를 위해 인터넷 신고(관세청 전자통관시스템 https://unipass.customs.go.kr), 방문(우편) 신고 등의 방법으로 지식재산권 신고를 할 수 있다.

관세청 전자통관시스템(UNIPASS) 지식재산권 신고 화면

지식재산권 권리보호 심사는 아래와 같이 진행되며, 신고·등록된 지식재산권 정보는 관세청 전자통관시스템을 통해 일선세관과 공유되어 통관단계의 신속한 단속이 가능하게 된다.

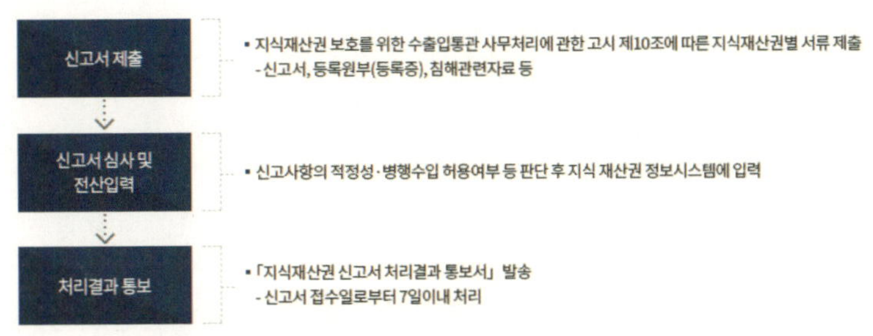

나. 통관단계에서의 지식재산권 보호 절차

지식재산권 신고 후 지식재산권 침해물품 통관보류 등 통관단계에서의 지식재산권 보호절차는 아래와 같이 진행된다.

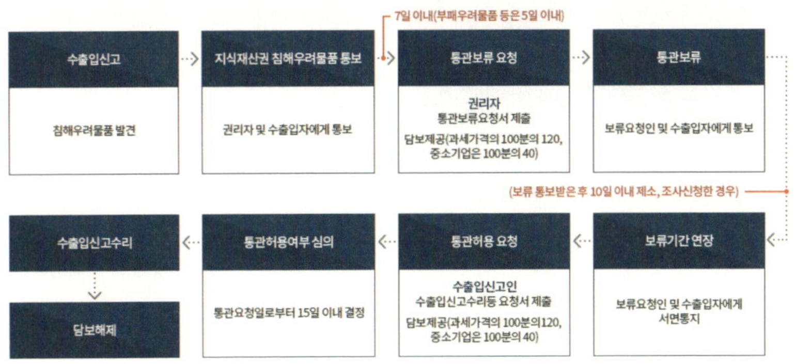

통관과정에서 지식재산권 침해우려물풀 발견 시 수출입자 및 지식재산권자 등 이해관계인에게 통보하게 되고, 지식재산권자 등 이해관계인은 통보받은 날로부터 7일 이내 통관보류 요청을 할 수 있다. 수출입자 등은 통보를 받은 날로부터 7일 이내에 해당 지식재산권을 침해하지 않았음을 소명하는 증거나 자료를 제출할 수 있다.

지식재산권 권리자 등은 통관보류 요청 시 세관장에게 과세가격의 100분의 120에 상당하는 금액(「조세특례제한법」 제5조제1항에 따른 중소기업인 경우에는 100분의 40)을 담보로 제공하여야 한다. 다만, 직권조치의 경우 담보제공 및 법원제소를 요하지 않는다.

이 같은 지식재산권 침해물품 통관보류 시 업무 흐름도는 아래와 같다.

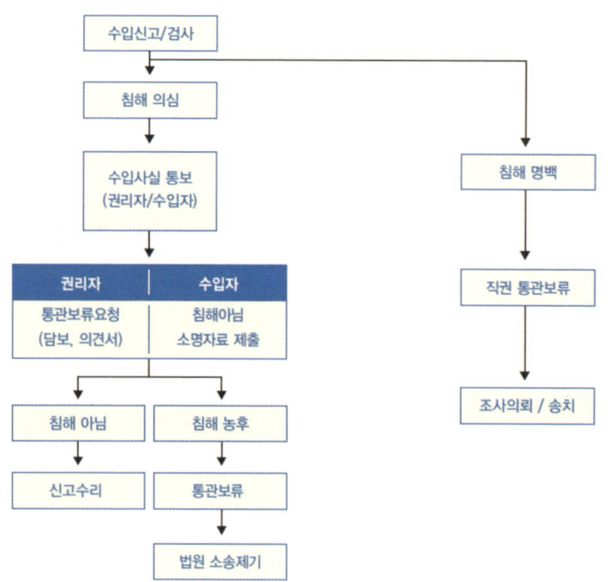

V

온라인 위조상품 신고 방법

해외 온라인 마켓플레이스
위조상품 신고 방법

가. 알리바바(Alibaba) 중국 시장

· 대상 사이트: 타오바오, 티몰, 티몰글로벌, 1688
· 신고 사이트 주소: https://ipp.taobao.com

1) 신고 사이트 계정 등록

먼저, 알리바바 타오바오 & 티몰 그룹의 IPP 플랫폼(ipp.taobao.com)에 접속하여 계정을 생성해야 합니다. 플랫폼은 중국어와 영어를 지원하며, 아래에서는 영어를 기준으로 설명하겠습니다. 사이트 상단의 'Register' 버튼을 클릭하여 기본 정보를 입력하고 이메일 인증을 완료하면 계정이 생성됩니다. 계정 생성 후 최초 로그인 시에는 기업 정보를 추가로 입력해야 합니다.

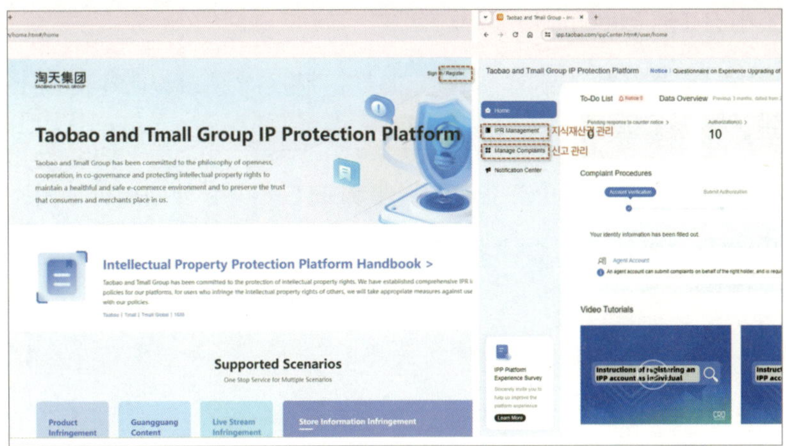

2) 지식재산권 정보 등록

IPP 플랫폼에서 지식재산권 침해 신고를 위해서는 보유하고 있는 중국 상표권, 저작권, 특허권 등의 지식재산권 정보를 먼저 등록해야 합니다. 저작권의 경우 중국 외 해외 지역에서 공표된 저작물도 등록이 가능합니다. 아래에서는 상표권과 저작권 등록 과정을 예시로 설명하겠습니다.

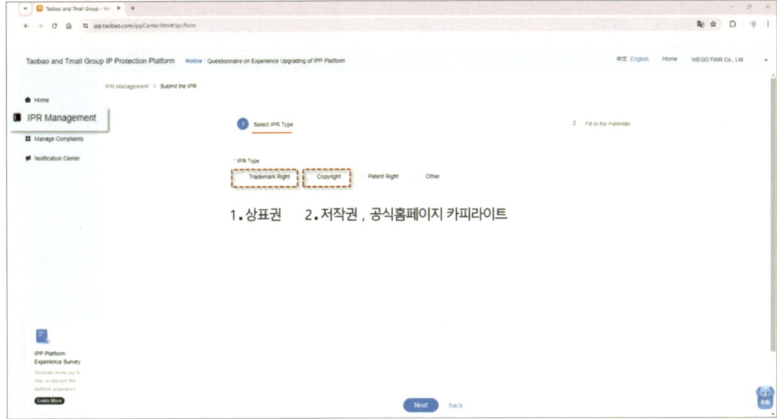

가) 상표권(Trademark) 등록

상표권 등록 시, 등록할 상표는 하나씩 개별적으로 제출해야 합니다. 등록 시 등록증 원본의 컬러 사진 또는 스캔본을 업로드해야 하며, 허용되는 파일 형식은 JPG, JPEG, PNG, PDF, GIF이며, 각 파일의 크기는 10MB를 초과할 수 없습니다.

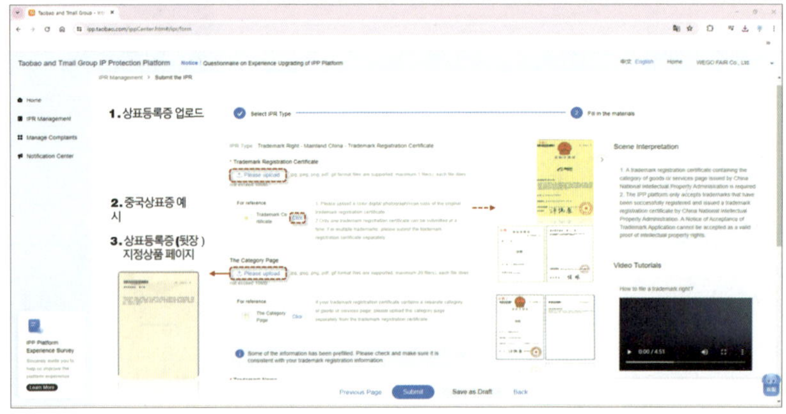

해당 페이지에서는 상표의 명칭, 등록번호, 권리자명, 만료일, 그리고 상품류(복수 선택 가능)를 입력합니다. 제출된 상표에 대한 브랜드명도 입력해야 하며, 브랜드명이 조회되지 않는 경우 '其他/other'를 선택하면 됩니다.

또한, 상표의 갱신, 양도/양수, 상표권자의 상호 변경 여부를 모두 표시하여 제출하면 상표권 등록이 완료됩니다.

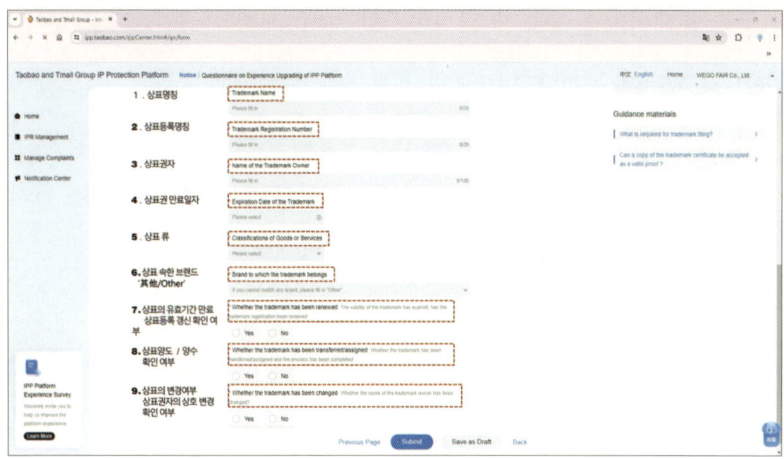

나) 저작권(Copyright) 등록

중국에 저작권이 있는 경우, 해당 저작물의 유형을 선택하여 등록할 수 있습니다. 공식 홈페이지를 근거로 저작권 침해를 주장할 경우, 등록 국가에서 'Others'를 선택하면 됩니다.

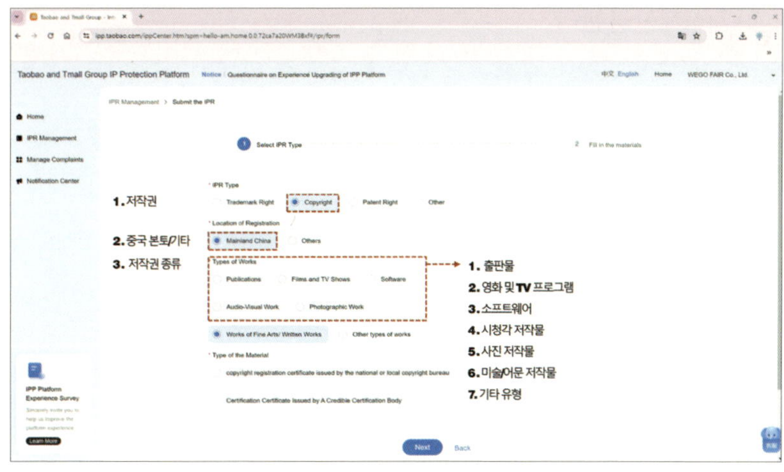

공식 홈페이지를 등록할 때, 먼저 알리바바에서 제공하는 저작권 성명서(Copyright Statement) 양식을 작성하여 첨부해야 합니다. 홈페이지는 별도의 등록증이 없으므로, 홈페이지 주소와 하단의 저작권 문구가 보이도록 캡처한 이미지를 저작물로 등록한 후 홈페이지 주소, 권리자명, 창작 및 공표일을 입력하면 등록이 완료됩니다.

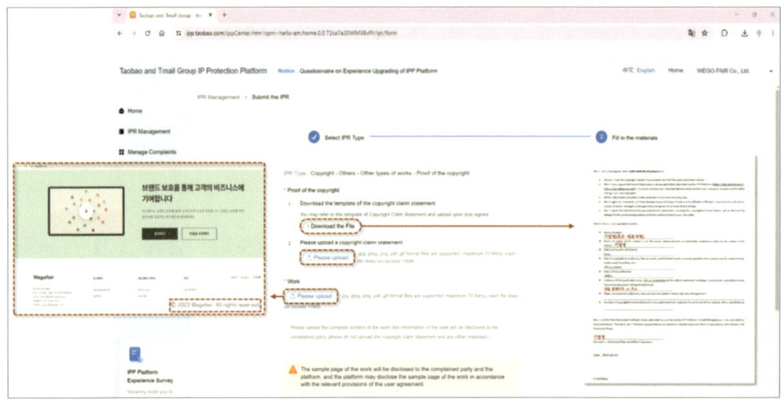

3) 지식재산권 관리

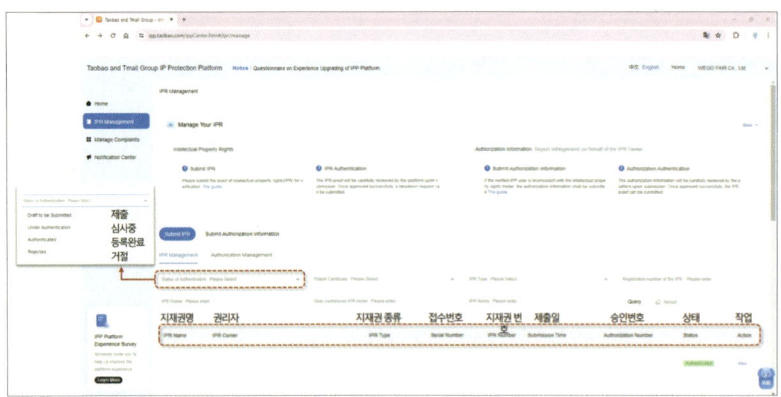

온라인 짝퉁전쟁

등록한 지식재산권은 'IPR Management' 탭에서 확인할 수 있습니다. 이 탭에서는 지식재산권 명칭, 권리자명, 종류, 등록번호, 제출일시 및 등록 진행 상황을 확인할 수 있습니다.

4) 지식재산권 침해 신고

지식재산권 침해 신고는 'Manage Complaints' 탭에서 진행할 수 있습니다. 신고할 플랫폼을 선택한 후, 'Submit Complaints'를 눌러 신고를 진행합니다.

앞서 소개해 드린 내용과 같이 알리바바 타오바오 & 티몰 그룹 IPP 플랫폼에서는 타오바오, 티몰, 티몰글로벌, 1688 4개 사이트에 대한 신고 접수만 가능합니다.

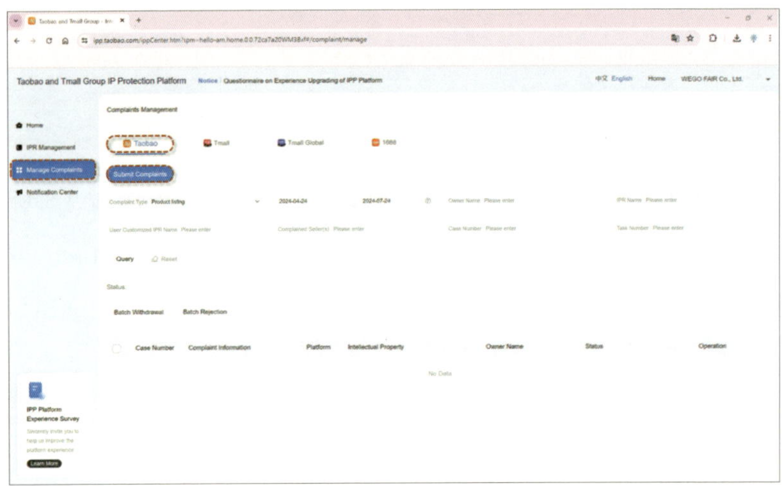

침해 신고의 근거가 되는 지식재산권의 유형과 지식재산권을 선택합니다. 이후 신고 대상과 사유를 입력한 후, 'Proof of Infringement'에는 신고 내용을 설명할 수 있는 자료를 첨부합니다. 앞서 신고 대상을 '게시글(Product Listing)'로 선택한 경우 'Infringing Listing'에 신고할 상품의 URL 주소를 입력한 후 제출을 누르면 접수가 완료됩니다. 신고서 작성 항목은 선택한 신고 유형에 따라 다를 수 있습니다.

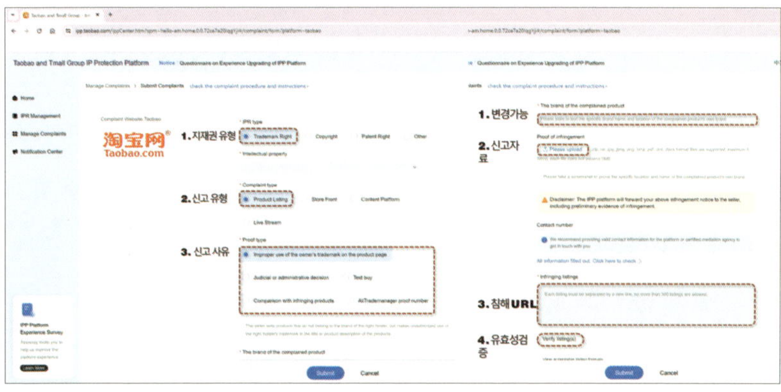

5) 지식재산권 침해 신고 관리

신고한 내용은 알리바바의 IP팀에서 검토하며, 침해로 인정되면 해당 상품 게시글이 삭제되고 판매자에 대한 제재 조치가 이루어집니다. 필요 시 IP팀은 신고자에게 추가 자료를 요청할 수 있으며, 신고 처리 현황은 'Manage Complaints' 탭에서 확인할 수 있습니다.

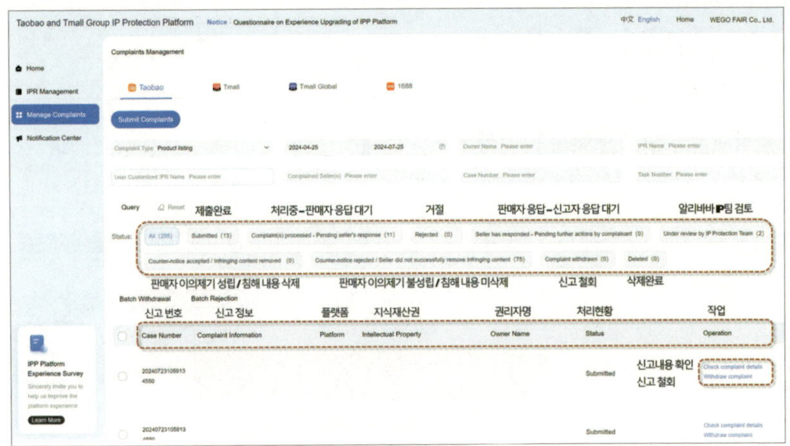

나. 알리바바(Alibaba) 글로벌 시장

대상 사이트: 알리바바닷컴, 알리익스프레스, 라자다, 미라비아

신고 사이트 주소: https://ipp.aidcgroup.net/

1) 알리바바 인터내셔널 그룹 IPP 플랫폼 계정 생성

먼저, 알리바바 인터내셔널 그룹의 IPP 플랫폼(https://ipp.aidcgroup.net/)에 접속하여 계정을 생성해야 합니다. 플랫폼은 중국어, 영어, 스페인어와 함께 한국어를 지원하며, 아래에서는 한국어를 기준으로 설명하겠습니다. 사이트 상단의 '로그인' 버튼을 클릭한 뒤 '회원가입' 탭에서 기본 정보를 입력하고 이메일 인증을 완료하면 계정이 생성됩니다. 계정 생성 후 최초 로그인 시에는 기업 정보를 추가로 입력해야 합니다.

2) 지식재산권 정보 등록

IPP 플랫폼에서 지식재산권 침해 신고를 진행하려면, 보유하고 있는 상표권, 저작권, 특허권 등의 지식재산권 정보를 먼저 등록해야 합니다. 알리바바닷컴과 알리익스프레스는 글로벌 시장을 대상으로 하기 때문에, 중국에 등록된 지재권이 아니더라도 등록 및 차단 신청이 가능합니다. 아래는 상표권과 저작권 등록 과정을 예시로 설명하겠습니다.

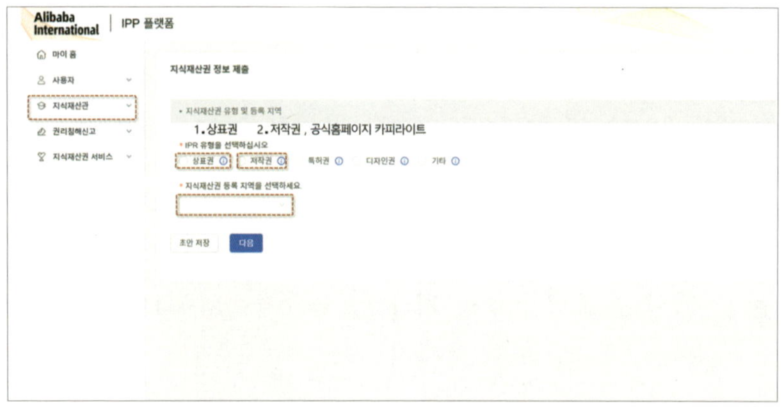

가) 상표권(Trademark) 등록

상표권 등록 시, 등록할 상표는 하나씩 개별적으로 제출해야 합니다. 등록을 위해 상표 등록증 원본의 컬러 사진 또는 스캔본을 업로드해야 하며, 허용되는 파일 형식은 GIF, JPG, JPEG, PNG, BMP, PDF, TSA입니다. 각 파일의 크기는 5MB를 초과할 수 없습니다.

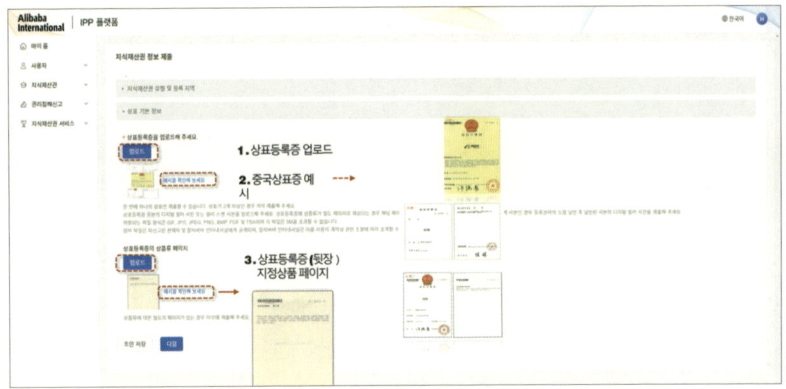

등록 페이지에서는 상표 명칭, 등록번호, 권리자명, 만료일, 그리고 상품류(복수 선택 가능)를 입력합니다. 또한, 상표와 연관된 브랜드명도 입력해야 하며, 브랜드명이 조회되지 않을 경우 '其他/other'를 선택하면 됩니다. 추가로 상표의 갱신 여부, 양도/양수 여부, 상표권자의 상호 변경 여부를 모두 표시한 뒤 제출하면 상표권 등록이 완료됩니다.

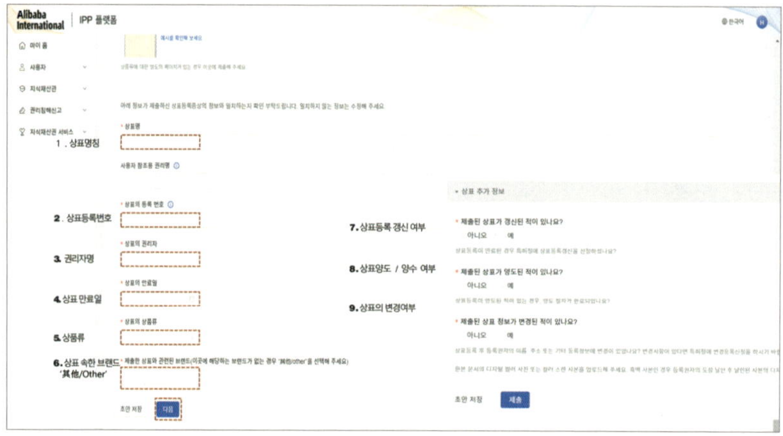

나) 저작권(Copyright) 등록

저작권은 저작권등록증 또는 공식 홈페이지를 등록할 수 있습니다. 만약 공식 홈페이지를 근거로 저작권 침해를 주장할 경우, 등록 국가에서 'Others'를 선택하면 됩니다.

공식 홈페이지로 저작권을 등록할 때는, 알리바바에서 제공하는 저작권 성명서(Copyright Statement) 양식을 작성하여 첨부해야 합니다. 홈페이지는 별도의 등록증이 없으므로, 홈페이지 주소와 하단의 저작권 문구가 보이는 캡처 이미지를 첨부하고, 홈페이지 주소, 기업명, 공표일 등을 입력하면 등록이 완료됩니다.

온라인 짝퉁전쟁

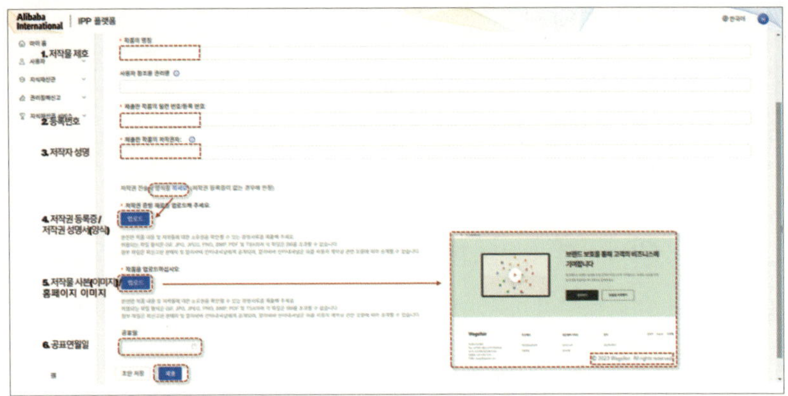

3) 지식재산권 관리

  등록한 지식재산권은 '지식재산관리'의 '권리 관리' 탭에서 확인할 수 있습니다. 이곳에서는 지식재산권 명칭, 권리자명, 종류, 등록번호, 제출일시 및 등록 진행 상황을 확인할 수 있습니다.

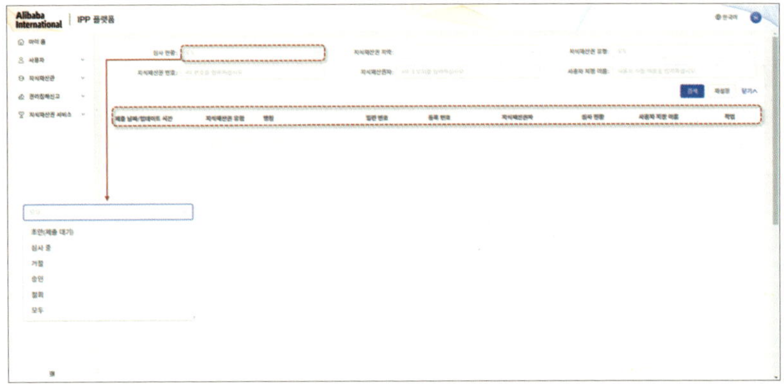

4) 지식재산권 침해 신고

지식재산권 침해 신고는 '권리침해신고' 탭에서 진행할 수 있습니다. 이 탭에서는 신고할 플랫폼을 선택할 수 있습니다.

알리바바 인터내셔널 그룹 IPP 플랫폼에서는 알리바바, 알리익스프레스, 라자다, 미라비아 4개 사이트에 대한 신고 접수만 가능합니다. 아래는 라자다를 기준으로 설명하겠습니다.

라자다는 아세안 6개국을 대상으로 서비스를 제공하므로, 먼저 대상 국가를 선택해야 합니다. 이후 침해 신고의 근거가 되는 지식재산권의 유형과 해당 권리를 선택합니다. 이어서, 신고 유형, 테스트 구매 여부와 신고 상세 사유를 각각 입력한 후, 신고자료에는 침해 내용을 설명할 수 있는 자료를 첨부합니다. 침해 상품 URL을 입력한 뒤 '리스팅 검증 실행'을 클릭하고 제출하면 접수가 완료됩니다. 참고로 신고서 작성 항목은 선택한 신고 유형에 따라 다를 수 있습니다.

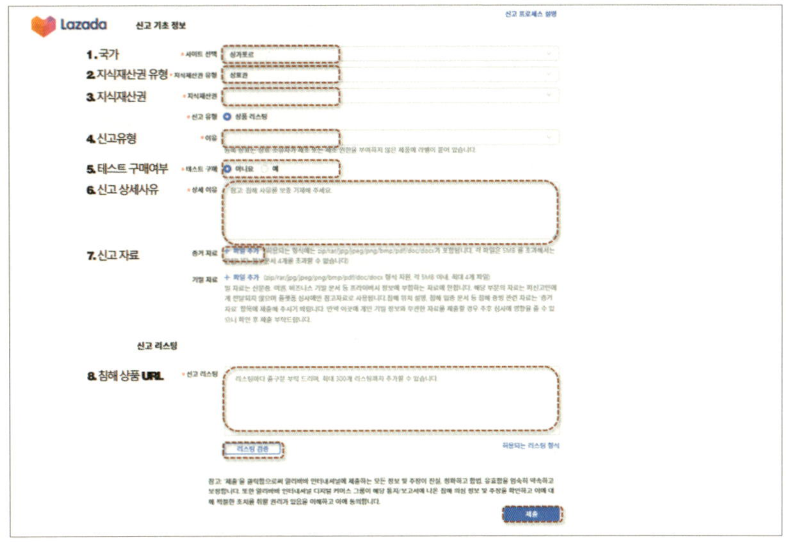

5) 지식재산권 침해 신고 관리

신고된 내용은 알리바바의 IP팀에서 검토합니다. 침해가 인정되면 해당 상품 게시글이 삭제되고, 판매자에 대한 제재 조치가 이루어집니다. 필요에 따라 IP팀은 신고자에게 추가 자료를 요청할 수 있으며, 신고 처리 현황은 '권리침해신고'의 '신고관리' 탭에서 확인할 수 있습니다.

다. 쇼피(Shopee)

신고 사이트 주소: http://brandipp.shopee.com/

1) 신고 사이트 계정 등록

먼저, 쇼피의 브랜드 IP 포털(http://brandipp.shopee.com/)에 접속하여 계정을 생성해야 합니다. 간단한 이메일 인증과 기본 정보 입력만

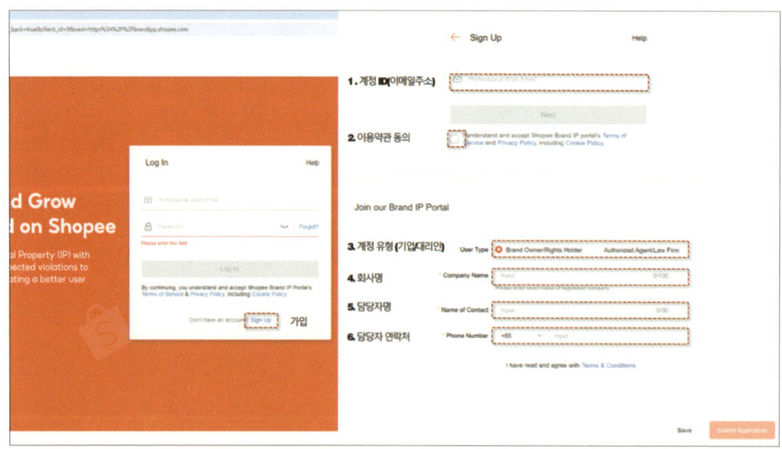

으로 서비스를 이용할 수 있습니다.

2) 지식재산권 정보 등록

브랜드 IP 포털에서 지식재산권 침해 신고를 위해서는 보유하고 있는 상표권, 저작권, 특허권 등의 지식재산권 정보를 먼저 등록해야 합니다.

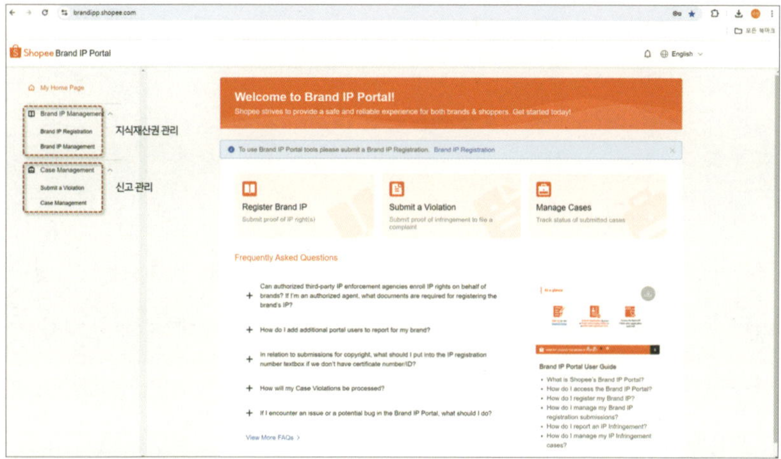

'Brand IP Registration' 탭을 클릭한 뒤, 대상 국가와 브랜드명을 입력 후, 지식재산권 유형, 등록번호, 등록증, 만료일을 차례대로 입력 및 첨부해주시면 됩니다. 이때, 지식재산권의 유형에 따라 필수 제출해야 하는 정보가 다른 점 참고해 주시기 바랍니다. 만약 브랜드명이 조회되지 않는 경우 브랜드 추가 요청이 선행되어야 합니다.

3) 지식재산권 관리

등록한 지식재산권은 'Brand IP Management' 탭에서 확인할 수 있습니다. 이 탭에서는 지식재산권 등록 내역과 처리 현황에 대해 조회할 수 있습니다. 처리 현황은 'Under Review(검토중)', 'Action Required(보완필요)', 'Approved(승인)', 'Rejected(미승인)' 등으로 표시됩니다.

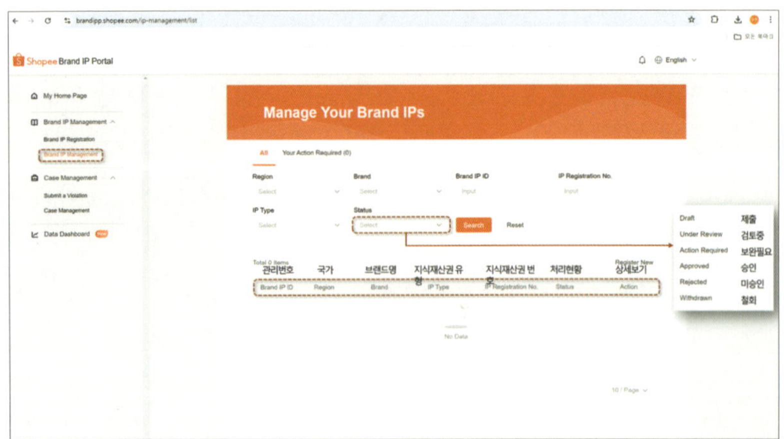

온라인 짝퉁전쟁

4) 지식재산권 침해 신고

지식재산권 침해 신고는 'Submit a Violation' 탭에서 진행할 수 있습니다. 가장 먼저 대상 국가를 선택해야합니다. 브랜드 IP 포털에서는 현재 쇼피가 운영하고 있는 11개국의 사이트에 대한 신고를 접수할 수 있습니다.

　* 11개국: 싱가포르, 인도네시아, 말레이시아, 태국, 필리핀, 베트남, 대만, 멕시코, 칠레, 브라질, 콜롬비아

이어 브랜드명, 지식재산권 유형, 침해 신고의 근거가 되는 지식재산권을 순서대로 선택합니다. 신고 대상은 게시글을 신고할 경우 'Listings', 상점을 신고할 경우 'Shops'로 선택할 수 있습니다. 게시글을 선택한 경우, 'Listing Infringements'에 신고할 상품의 URL 주소를 입력해야 하는데, 하단에 파란색 글씨로 첨부되어 있는 쇼피의 양식을 다운

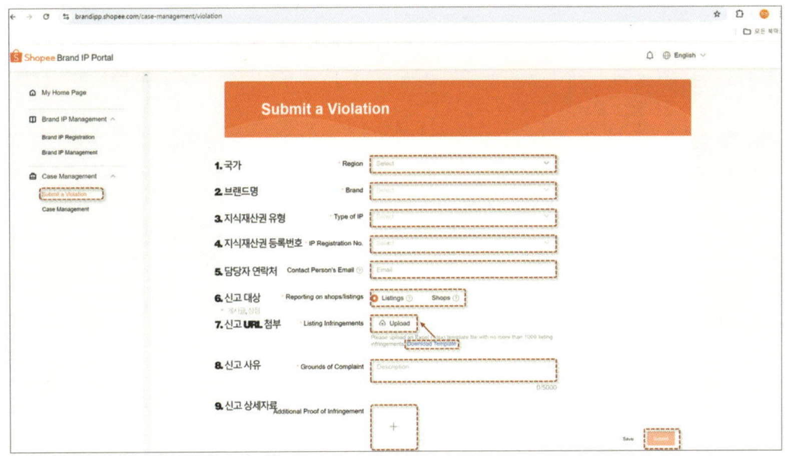

로드받은 후 첨부해주시면 됩니다. 이어서 'Grounds of Complaint'에는 해당 게시글이 지식재산권을 침해한 이유를 자세히 설명하며, 필요한 경우, 추가 설명 자료를 업로드할 수 있습니다.

5) 지식재산권 침해 신고 관리

신고한 내용은 쇼피의 IP팀에서 검토하며, 침해로 인정되면 해당 상품 게시글이 삭제되고 판매자에 대한 제재 조치가 이루어집니다. 필요 시 IP팀은 신고자에게 추가 자료를 요청할 수 있으며, 신고 처리 현황은 'Case Management' 탭에서 확인할 수 있습니다. 신고 상태도 마찬가지로 'Under Review(검토중)', 'Action Required(보완필요)', 'Approved(승인)', 'Rejected(미승인)' 등으로 표시됩니다.

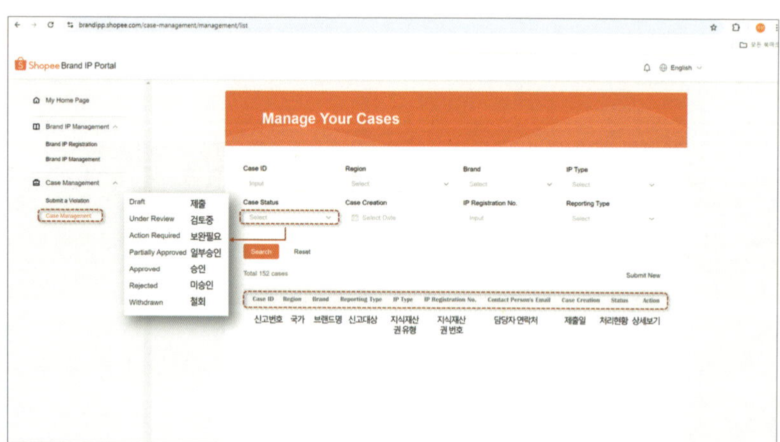

온라인 짝퉁전쟁

라. 토코피디아(Tokopedia)

신고 사이트 주소: https://ipp.tokopedia.com/

1) IPP 포털 접속 및 계정 생성

먼저, 토코피디아의 IPP 포털(https://ipp.tokopedia.com/)에 접속해 주세요. 'Sign up' 버튼을 클릭하면, 이메일 주소와 이름, 비밀번호를 입력해 간단히 회원가입을 진행할 수 있습니다.

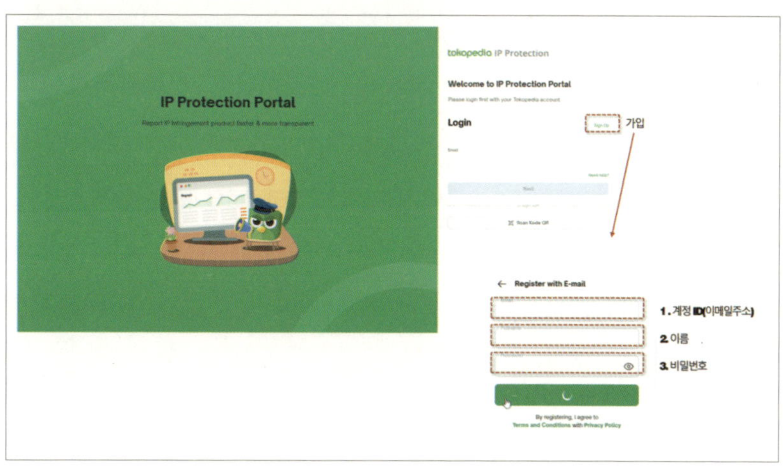

가입이 완료되면 계정 정보 입력 화면으로 이동합니다. 여기서 계정 유형을 '개인' 또는 '법인' 중 선택할 수 있으며, 신고자 유형은 '권리자' 또는 '대리인' 중 선택해야 합니다. 예를 들어, 브랜드 기업이 직접 신고를 진행하는 경우 '법인' → '권리자' 순으로 선택하면 됩니다.

2) 지식재산권 정보 등록

계정 가입 후, 지식재산권을 등록하는 단계입니다. 알리바바나 쇼피의 신고 절차와 유사하게, '계정 가입 → 지식재산권 등록 → 지식재산권 침해 신고'의 순서로 진행됩니다. 상표와 저작권 등록 절차를 예시로 설명드리겠습니다.

먼저 상표 등록입니다. 'IP Submission' 탭에서 'Add New Document' 버튼을 클릭하면 오른쪽에 팝업창이 나타납니다. 이 창에서 보유한 권리에 대한 정보를 입력하면 됩니다. 상표 등록 시 주의할 점은, 하나의 상표 등록증에 여러 상표류가 등록되어 있어도, 신청 1건당 1개의 상표류만 선택해야 한다는 것입니다. 예를 들어, 상표 등록증에 3개의 상표류가 지정되어 있는 경우, 3번 나눠서 접수해야 합니다.

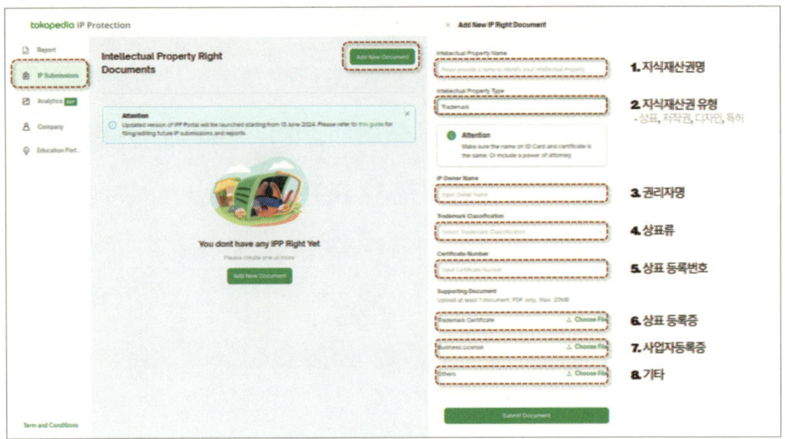

저작권 등록 화면도 유사하게 구성되어 있습니다. 저작권 정보를 입력하면 되는데, 공식홈페이지 저작권처럼 저작권 등록증이 없는 경우에는 저작권 등록번호란에 하이픈(-)을 입력하고, 저작권 등록증에는 저작권 성명서를 첨부해 주시면 됩니다.

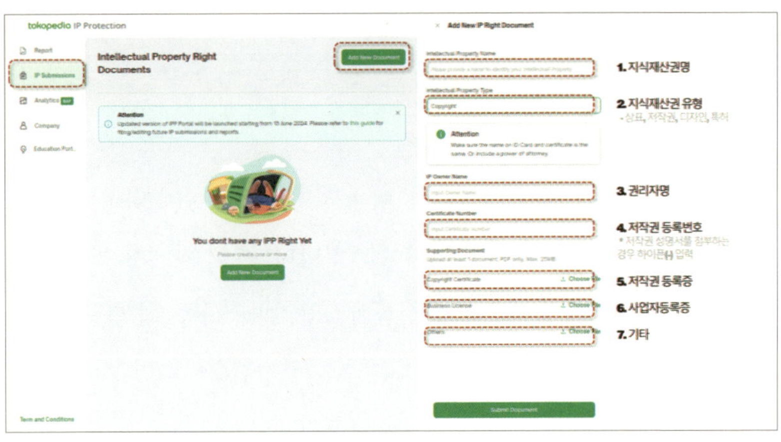

3) 지식재산권 관리

등록한 지식재산권은 'IP Submission' 탭에서 확인할 수 있습니다. 처리 현황은 'Pending(검토 중)', 'Approved(승인)', 'Rejected(미승인)'으로 표시되며, 처리 기간은 영업일 기준 약 14일이 소요됩니다. 지식재산권 등록이 미승인된 경우, 미승인 사유를 확인하고 수정한 후 재제출하면 됩니다.

4) 지식재산권 침해 신고

지식재산권 침해 신고는 'Report' 탭에서 진행할 수 있습니다. 'Report Products' 버튼을 클릭하면 팝업창이 나타납니다. 이 창에서 침해 근거가 되는 지식재산권을 선택하고, 상품의 URL, 신고 사유, 설명을 순서대로 입력하면 됩니다. 여러 건의 신고를 한 번에 접수하려면 'Add More Report' 버튼을 클릭하여 추가 신고를 등록할 수 있습니다.

온라인 짝퉁전쟁

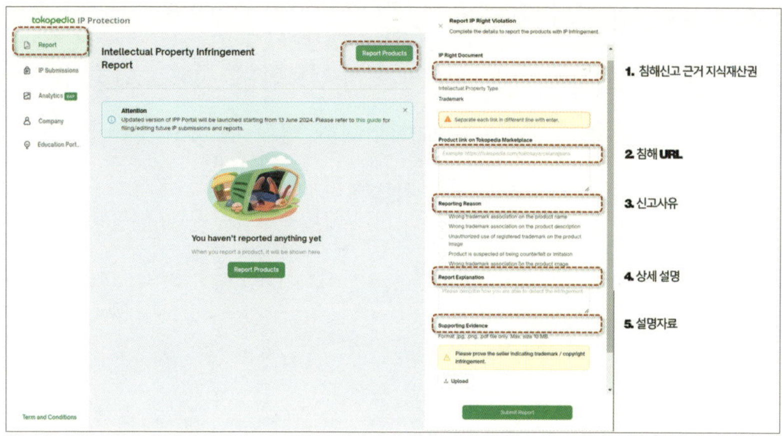

상표 신고와 저작권 신고의 입력 화면은 동일하나, 신고 사유는 각각 다르게 표시됩니다.

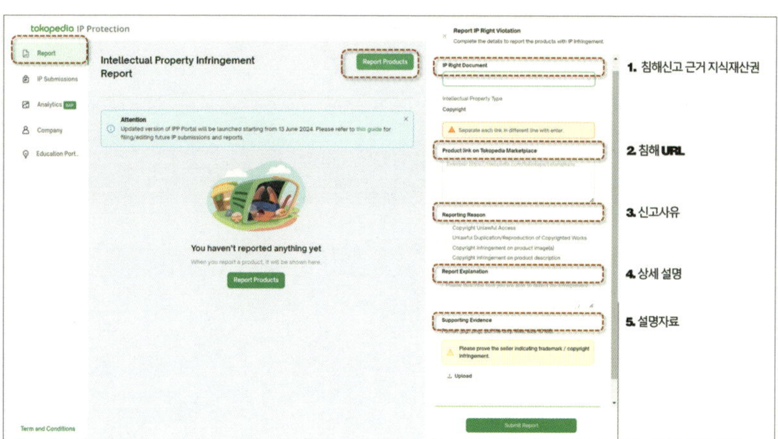

5) 지식재산권 침해 신고 관리

신고한 내용은 토코피디아의 IP팀에서 검토하며, 침해로 인정되면 해당 상품 게시글이 삭제되고 판매자에 대한 제재 조치가 이루어집니다. 신고 처리 현황은 'Report' 탭에서 확인할 수 있습니다.

온라인 짝퉁전쟁

국내 온라인 마켓플레이스 위조상품 신고 방법

가. 네이버

신고 사이트 주소: https://right.naver.com/

1) 네이버 권리보호센터 접속

먼저, 네이버 권리보호센터에 접속한 뒤 화면 상단에 있는 '로그인' 버튼을 클릭합니다. 신고 절차를 진행하려면 반드시 로그인이 필요합니

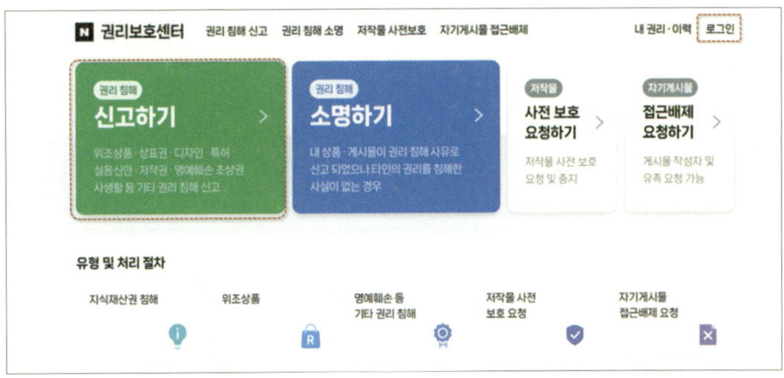

다. 이때 개인 계정(대표자 또는 담당자)으로만 이용이 가능하며, 네이버 단체·비즈니스 계정은 사용할 수 없습니다. 로그인을 완료한 후, 화면에 표시되는 '신고하기' 버튼을 클릭하여 신고를 시작합니다.

2) 신고서 작성

신고서 작성 단계에서는 권리 침해의 근거가 되는 지식재산권 유형을 선택합니다. 네이버 권리보호센터에서는 상표권과 저작권뿐만 아니라 명예훼손, 초상권 등 다양한 권리 침해에 대한 신고도 가능합니다. 아래에서는 상표권(위조상품)을 기준으로 진행 방법을 설명드리겠습니다.

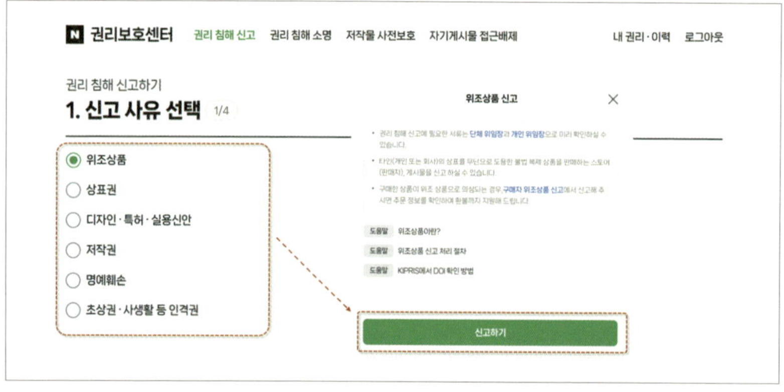

로그인한 계정 정보를 기반으로 신고자 정보가 자동으로 입력되며, SMS 안내 및 이용약관 동의 후 '다음' 버튼을 클릭합니다.

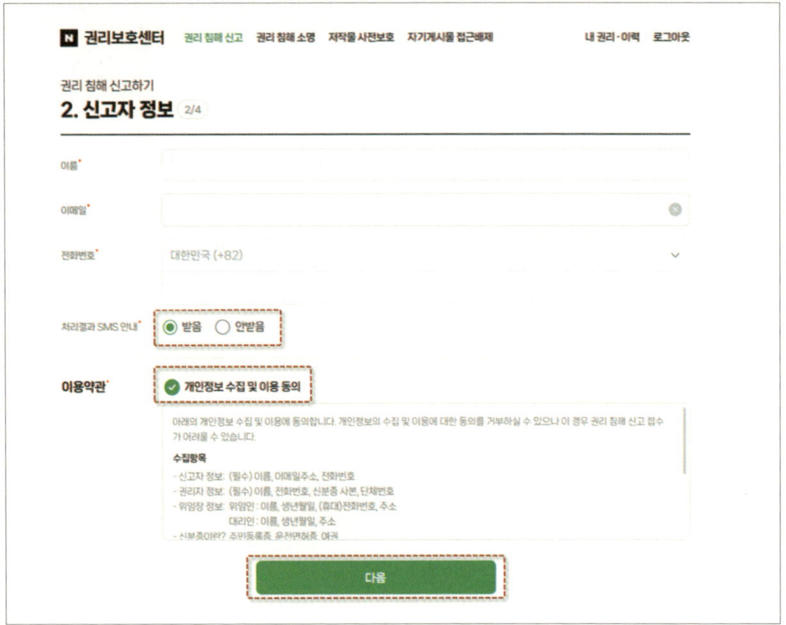

이후, 권리 침해 신고의 근거가 되는 지식재산권 정보를 등록해야 합니다. 해당 정보는 최초 1회만 등록하면, 이후 추가 신고 시 등록된 권리 목록에서 간편하게 선택할 수 있습니다.

먼저, 권리 소유자 정보를 입력해야 하며, 소유자 유형에 따라 아래 내용을 입력하면 됩니다.

· 개인: 계정에 등록된 이름과 전화번호가 자동으로 입력됩니다.
· 단체(기업, 개인사업자): 사업자명과 전화번호를 입력하고, 사업자 등록증을 첨부해야 합니다. 기업 담당자 계정으로 신고하는 경우에는 추가로 위임장이 요구됩니다.

다음으로, 권리 정보를 입력합니다. 상표권을 기준으로 할 경우, 등록 번호, 상표명, 만료일, KIPRIS DOI, 권리증을 입력 및 첨부해 주시면 됩니다.

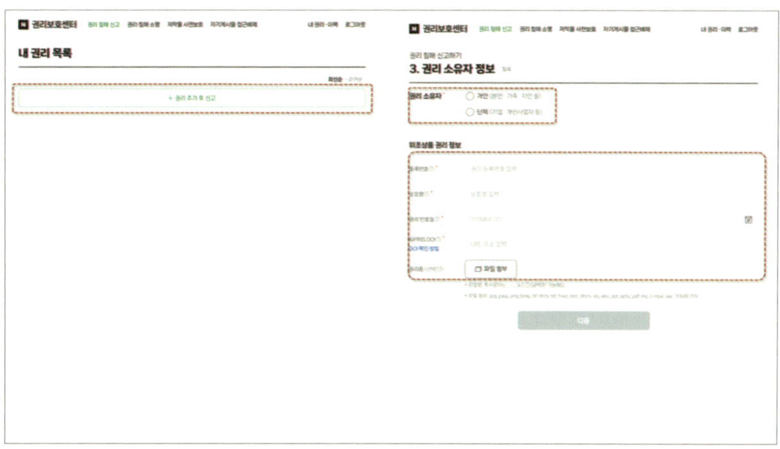

신고 대상을 '네이버 쇼핑' 또는 '카페·블로그' 중에서 선택한 뒤, 신고 하고자 하는 침해 페이지의 URL을 입력합니다. 이때, 최대 50개의 URL 까지 등록이 가능합니다. 이와 함께, 해당 상품이 지식재산권을 침해한 이유를 구체적으로 작성하고 이를 증명할 수 있는 자료를 첨부합니다. 마지막으로 이용약관에 동의한 후 '신고하기' 버튼을 클릭하면 신고가 완료됩니다.

온라인 짝퉁전쟁

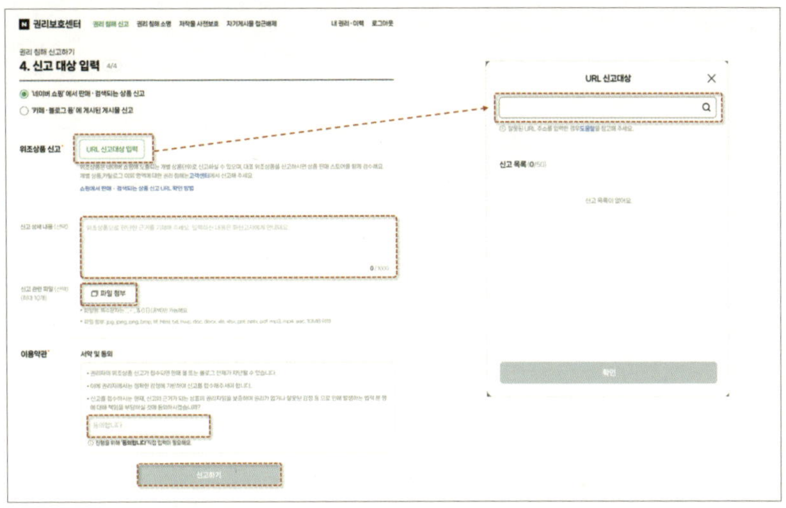

3) 신고 완료

신고가 접수되면 네이버는 신고자에게 신고 접수 확인 메일을 발송하며, 처리 결과도 별도의 메일로 안내합니다.

접수된 신고는 네이버가 판매 금지 여부를 검토한 뒤, 결과를 신고자에게 통보합니다. 이 과정에서 판매자는 이의제기 소명서를 제출할 기회를 부여받습니다.

제출된 소명서는 네이버에서 검토 후 신고자에게 공유되며, 소명이 접수되지 않거나 내용이 충분하지 않을 경우, 최종적으로 해당 URL이 차단됩니다.

나. 쿠팡

신고 사이트 주소: https://coupang.com

1) 쿠팡 접속 및 '신뢰관리센터'로 이동

쿠팡 홈페이지에 접속한 후 화면 하단으로 스크롤하여 '신뢰관리센터'를 클릭합니다. 해당 페이지로 이동하면 중간에 위치한 '침해 신고센터' 메뉴를 확인할 수 있으며, 이를 클릭하면 신고 페이지로 이동합니다. 화면을 약간 스크롤하면 '신뢰관리센터가 도와드리겠습니다.'라는 문구가 보이고, 그 옆에 있는 '신고하기' 버튼을 클릭합니다.

신고 절차를 진행하려면 로그인이 필요하며, 개인 아이디나 기업에서 신고용으로 생성한 아이디를 사용할 수 있습니다. 신고 완료 후 관련 내용은 등록된 이메일로 발송됩니다.

온라인 짝퉁전쟁

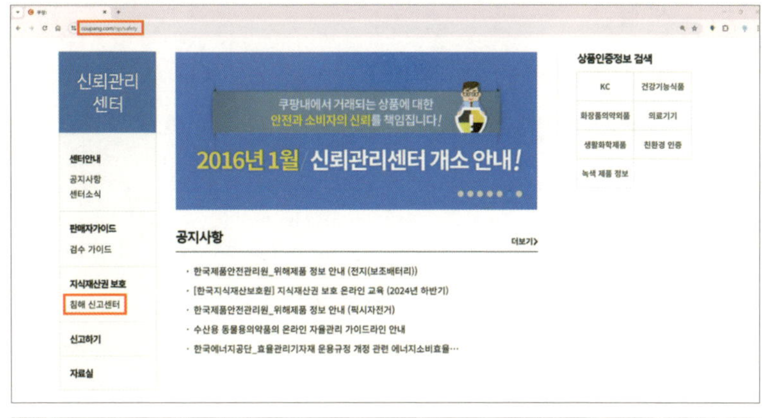

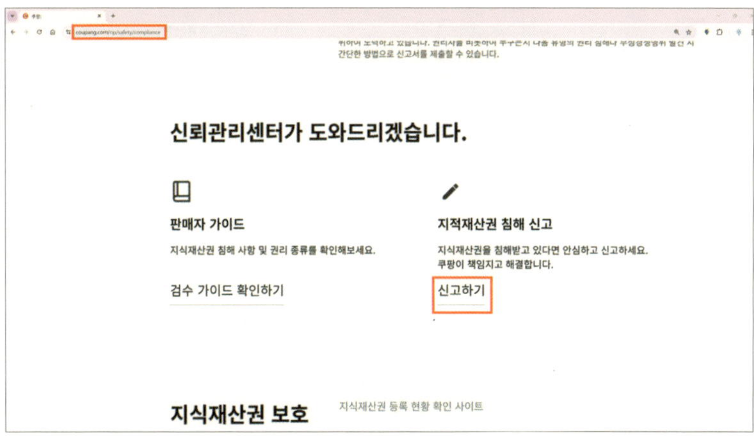

신뢰관리센터가 도와드리겠습니다.

판매자 가이드
지식재산권 침해 사항 및 권리 종류를 확인해보세요.

지적재산권 침해 신고
지식재산권을 침해받고 있다면 안심하고 신고하세요.
쿠팡이 책임지고 해결합니다.

검수 가이드 확인하기

신고하기

지식재산권 보호
지식재산권 등록 현황 확인 사이트

coupang

이메일 로그인   휴대폰번호 로그인   QR코드 로그인

로그인

회원가입

2) 신고서 작성

　신고 분류에서 '지식재산권 침해'를 선택한 후 '(KOR) 지식재산권 침해 신고서 접수하기'를 클릭합니다. 이후 신고 양식에 맞춰 필요한 정보를 입력합니다.

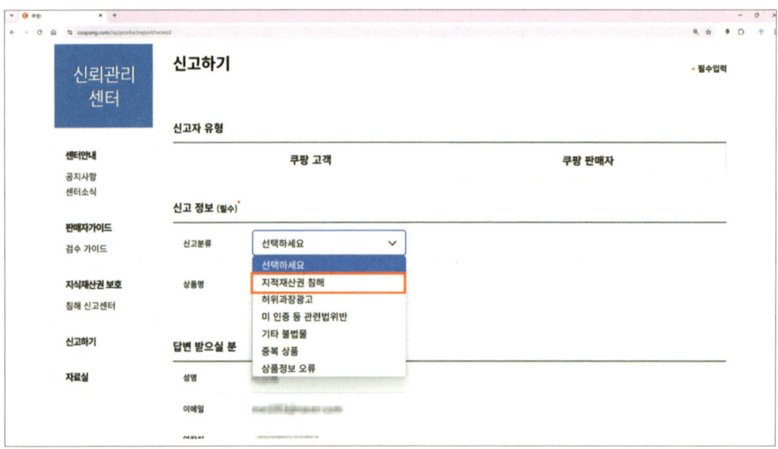

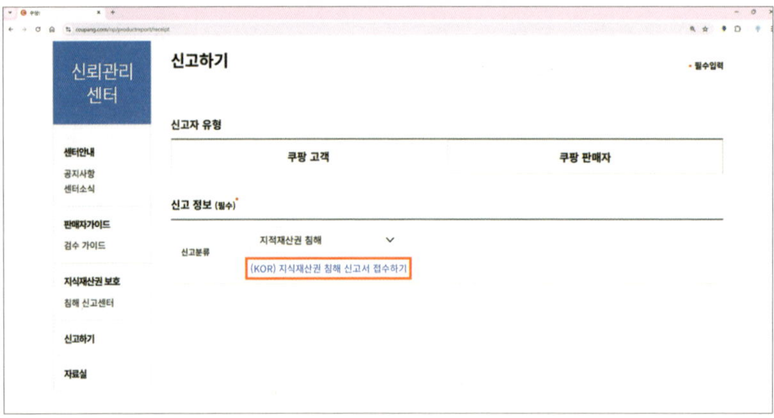

온라인 짝퉁전쟁

가) 권리자(신고인) 정보

· 이메일 주소: 신고 결과 및 추가 서류 요청을 받을 이메일 주소

· 권리자(신고인)명: 개인일 경우 본인 이름, 사업자인 경우 사업자명

  및 대표자명

· 담당자명: 해당 신고를 담당하는 사람의 이름

· 전화번호: 담당자의 연락 가능한 전화번호

· 권리자(신고인)의 권리: 상표권, 저작권 등 해당 권리 유형 선택

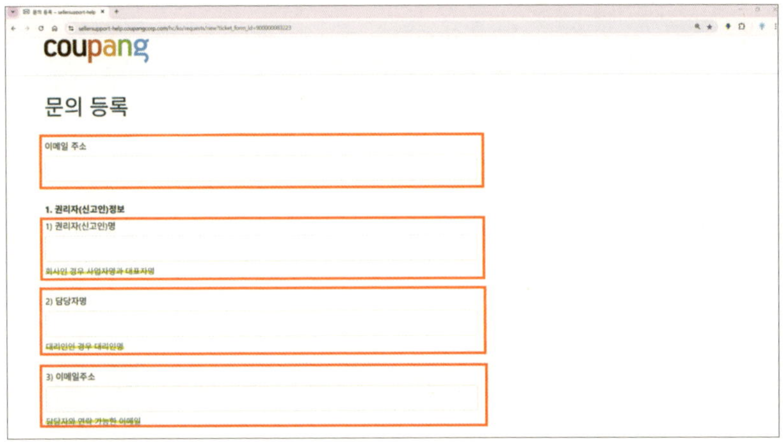

나) 권리침해 상품정보

· 쿠팡 상품번호 / 판매자명: 해당 상품번호와 판매자명은 쿠팡 상품

  판매 페이지에서 확인할 수 있습니다. 신고 대상이 다수일 경우, 엑

  셀 파일로 정리한 뒤 신고 양식에 '엑셀 파일 참고'라고 기재할 수 있

  습니다.

· 신고사유 및 요청사항: 해당 상품이 지식재산권을 침해하는 구체적
인 사유와 상품 삭제 등 요청사항을 작성합니다.

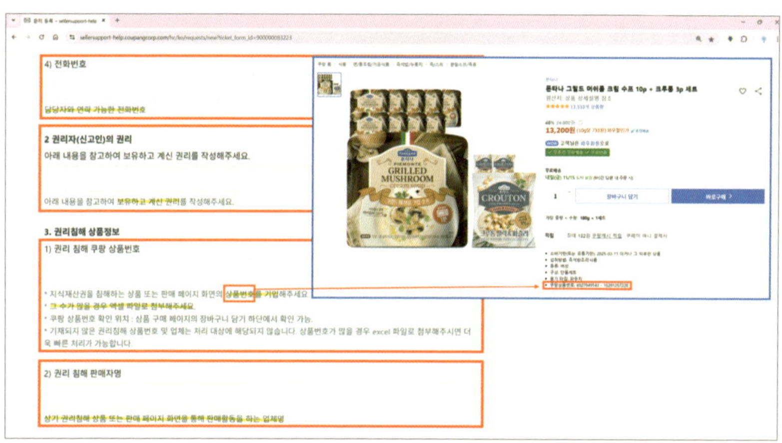

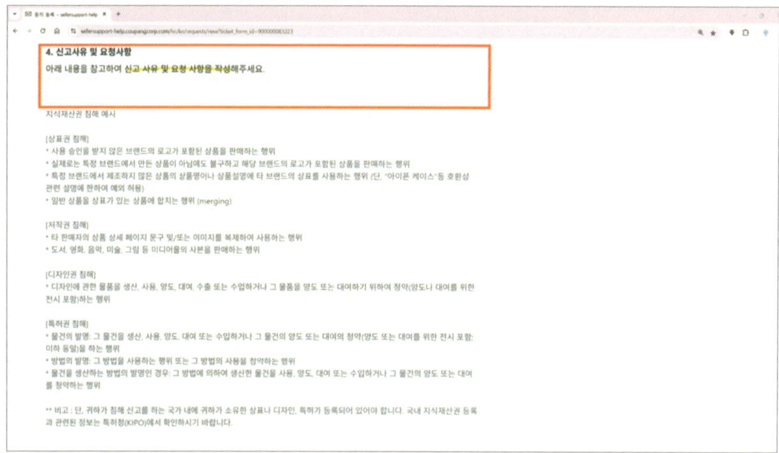

다) 첨부 서류

· 권리자 신분 증명 서류: (법인사업자) 사업자등록증, (개인사업자)

사업자등록증과 대표자 신분증(마스킹 필요)을 제출합니다.

· 권리 증명 서류: (상표권) 상표등록증 및 등록원부, (저작권) 저작권 등록증 또는 공식 홈페이지의 카피라이트 화면

※ 참고: 쿠팡은 '공식 홈페이지 카피라이트(사진 저작권)' 침해를 권리로 인정하지 않으며, 판매자에게 수정 권고만 전달되어 차단에 어려움이 있습니다.

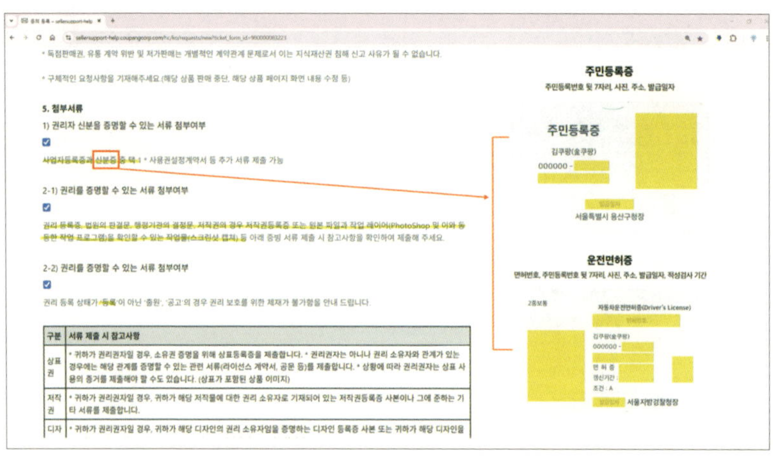

라) 서약 및 동의

신고서를 제출하기 전에 서약사항, 개인정보 수집 및 이용 동의, 신고서 제출 확인 각 항목에 대해 동의 체크를 완료해야 합니다.

첨부파일에는 신고 내용을 뒷받침할 수 있는 관련 서류를 준비하여 업로드합니다. 신고 대상이 다수일 경우, 이를 정리한 엑셀 파일, 권리

자의 신분 증명 서류(사업자등록증, 신분증) 및 권리 증명 서류(상표등
록증, 저작권등록증 등)를 함께 첨부해야 합니다.

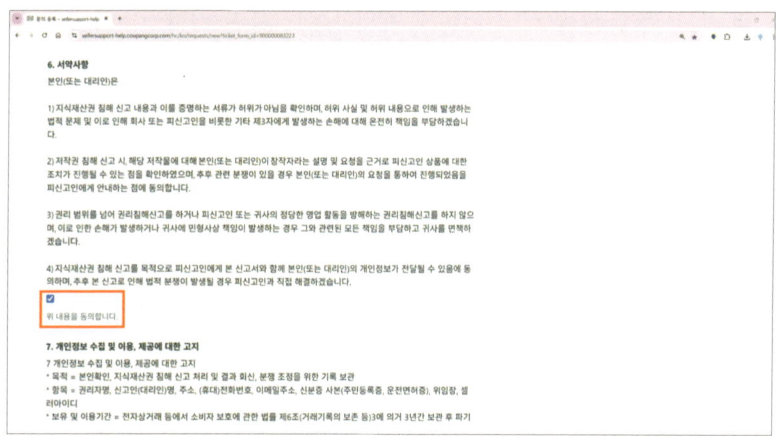

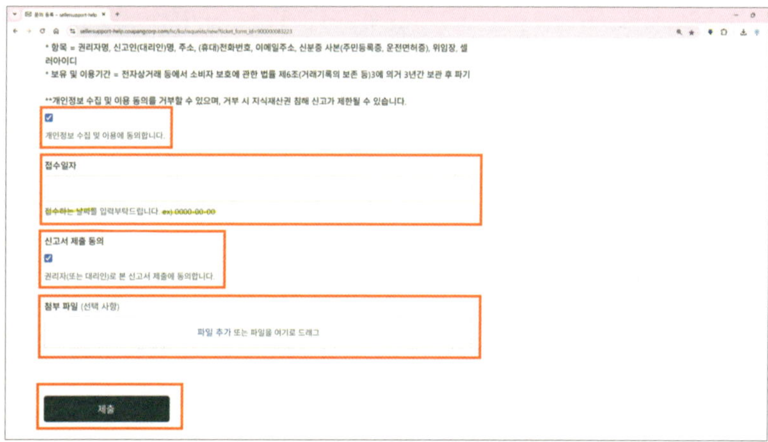

3) 신고 완료

신고서를 작성한 후 '제출' 버튼을 클릭하면 신고가 완료됩니다. 정상

적으로 접수되면 쿠팡으로부터 두 통의 이메일을 받게 됩니다. 하나는 신고번호가 포함된 메일이고, 다른 하나는 신고번호가 없는 메일입니다.

신고 후 추가 증빙서류가 필요한 경우 재신고가 아닌, 받은 이메일에 추가 증빙서류를 첨부하여 회신하면 됩니다. 궁금한 사항이 있을 경우, 받은 이메일로 신고번호와 함께 문의 내용을 보내시면 됩니다. 재신고를 할 경우 대응이 지연될 수 있으니 주의하시기 바랍니다.

신고 처리가 완료되어 상품이 삭제된 경우, 별도의 안내 메일은 발송되지 않으므로 직접 상품이 삭제되었는지 확인이 필요합니다.

온라인
짝퉁전쟁

ⓒ 김종면, 2025

초판 1쇄 발행 2025년 3월 31일
　　　 2쇄 발행 2025년 11월 26일

지은이　　김종면
펴낸이　　이기봉
편집　　　좋은땅 편집팀
펴낸곳　　도서출판 좋은땅
주소　　　서울특별시 마포구 양화로12길 26 지월드빌딩 (서교동 395-7)
전화　　　02)374-8616~7
팩스　　　02)374-8614
이메일　　gworldbook@naver.com
홈페이지　www.g-world.co.kr

ISBN　979-11-388-4131-3 (03320)